Perdón

21 días para perdonar a todos por todo

DEDICATORIA

Este libro está dedicado a mi madre, Sahara Elizabeth, a mis abuelas Rissie Holloway y Laura Gill Jefferson, a mi madrastra Lynnette May Brown-Harris, a mi tía Nancy McCullum, a mi hermana Leola Ijalu McCullum-Opeodu, y a todas las mujeres que me han guiado a lo largo de mi vida.

Perdono a mi mente por pensar y a mí misma por creer que las personas que ustedes fueron y lo que me dieron no fue suficiente, no fue correcto y no fue exactamente lo que necesitaba.

Me perdono por juzgar a las mujeres que me guiaron.

Perdón

21 días para perdonar a todos por todo

Iyanla Vanzant

Exitosa autora del *New York Times*

Grupo Editorial Tomo, S. A. de C. V.
Nicolás San Juan 1043
03100, México, D. F.

1a. edición, octubre 2014.

© *Forgiveness*
Copyright © 2013 por Iyanla Vanzant
Publicación original en inglés 2013 por Hay House Inc. U. S. A.

© 2014, Grupo Editorial Tomo, S. A. de C. V.
Nicolás San Juan 1043, Col. Del Valle 03100 México, D. F.
Tels. 5575-6615, 5575-8701 y 5575-0186 Fax. 5575-6695
www.grupotomo.com.mx
ISBN-13: 970-607-415-702-4
Miembro de la Cámara Nacional de la Industria Editorial No. 2961

Traducción: Alma A. García
Diseño de portada: Karla Silva
Foto de portada e interiores: Balazs Kovacs Images/Shutterstock.com
Formación tipográfica: Armando Hernández
Supervisor de producción: Leonardo Figueroa

Este libro se publicó conforme al contrato establecido entre
Hay House, Inc. y *Grupo Editorial Tomo, S. A. de C. V.*

Impreso en México - *Printed in Mexico*

Contenido

¡Bienvenido, amado!

Estamos a punto de emprender un viaje emocionante que cambiará nuestra vida. Para algunos de nosotros este recorrido será tan desafiante como escalar una montaña escarpada mientras vas cargando decenas de kilos en la espalda. Para otros será como si les sacaran una muela sin anestesia. Muchos —aquellos que ya estamos listos para cambiar, sanar y crecer— nos llenaremos de energía y algunas veces quedaremos impactados por lo mucho que estamos aprendiendo sobre nosotros mismos y por lo bien que comenzamos a sentirnos en el proceso. Estamos a punto de sumergir profundamente nuestra alma en la práctica del perdón.

Lo que he aprendido durante mi viaje de 30 años por la ciencia del crecimiento y la curación personal y espiritual es que el perdón sanará cualquier cosa que te aflija. De lo que también estoy completamente convencida es que, aunque el perdón no es fácil, se trata del trabajo interno más importante que puedes llevar a cabo en tu mente y en tu corazón.

A la mayoría de nosotros jamás nos enseñaron que toda experiencia que se presenta en nuestra vida viene por una invitación energética. Por esta razón, resulta imperativo que aprendas cómo mantener limpia tu energía. La práctica del perdón es tu boleto de entrada a la claridad, la vitalidad y la libertad.

A lo largo de los años he recibido cientos de miles de cartas escritas por personas de todo tipo de procedencia. Muchas de ellas revelan historias atroces de dolor y sufrimiento. Anteriormente solía escribir largas respuestas, ofreciendo mis condolencias y posibles explicaciones para las tragedias que las personas habían soportado. Luego, mi hija falleció y estuve inconsolable. Terminé una relación de 40 años y me sentía furiosa. Me obligaron a salirme de la casa de mis sueños, y fui avergonzada y humillada.

Si conoces algo de mi historia personal, sabes que he pasado por momentos muy oscuros. En cada experiencia de mi "crisis de vida" lo único que me hizo sentir que aún seguía estando cuerda y con la capacidad de superar la oscuridad fue el perdón. En estos momentos estoy compartiendo contigo lo que aprendí a través de esas experiencias.

ESTE LIBRO ES MI AMOROSO DESAFÍO HACIA TI PARA QUE SALGAS DE LA OSCURIDAD Y ENTRES EN LA LUZ.

Aun cuando no sabía a quién perdonar o por qué debía perdonar, pronuncié las palabras. Las escribí en mi diario. Lloré y grité, me enfurecí y algunas veces pataleé con rebeldía, pero, al final, aprendí a perdonar a todos por todo, incluyéndome a mí misma. En el proceso, descubrí algo extraordinario. Descubrí la paz.

Este libro es mi amoroso desafío hacia ti para que salgas de la oscuridad y entres en la luz. Esta práctica de "21 días para perdonar a todos por todo" es mi invitación formal para que te unas a mí en un intenso proceso de transformación personal. Se trata de un ritual multidimensional que limpiará los pisos de tu mente y tu corazón con el fin de crear el espacio necesario para que vivas con más amor hacia ti y hacia los demás. Esta práctica te ayudará a lograr una sensación más profunda de paz y bienestar y obtener una mayor claridad sobre las elecciones y las bendiciones que tienes a tu disposición. Es mi forma de caminar contigo por los altibajos de tu vida de modo que puedes descubrir el sendero oculto que lleva a aquello que tu corazón desea.

Puedo prometerte que si haces este viaje conmigo, aprenderás mucho sobre ti, y eso siempre es bueno. También puedo prometerte que si te mantienes a mi lado, comenzarás a verte a ti mismo, tu vida, todas tus experiencias y a todas las personas que están en tu vida desde una nueva perspectiva.

Aunque estaré contigo a cada paso en este viaje, también he invitado a algunos amigos para que se unan a nosotros. Cuando recorres con amigos un viaje tan desafiante o difícil, puede parecer mucho más corto y mucho más fácil. Al principio de la práctica de cada día conocerás a un "amigo del perdón", un colaborador que compartirá su historia de transformación. Las historias, que van desde perder a una madre en un asesinato hasta la reconciliación con familiares, revelan aquello a lo que Reinhold Nieburh hace referencia cuando dice que el "perdón es la forma final del amor". El perdón puede hacer eso. Puede ampliar y agudizar tu visión. Luego, la visión te llevará hacia una forma de ser, ver y vivir totalmente nueva. Te prometo que podemos hacerlo, si lo hacemos juntos.

Podemos hacerlo si haces el compromiso en este momento. Podemos hacerlo si estás listo para dejar de sentirte mal, para dejar de sentirte lastimado, para dejar de preguntarte por qué ocurrió esto o aquello, para dejar de tener resentimientos, y para dejar de tener razones y excusas para ser, hacer y tener menos de lo que deseas. Podemos hacerlo si estás listo para experimentar un milagro en tu vida. Ahora bien, recuerda que esto no es fácil, pero es factible. Así pues, consíguete un hermoso Diario del Perdón y una pluma especial, y *¡comencemos!*

¡Con mucho amor para ti!

Iyanla

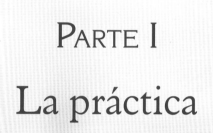

Parte I

La práctica

¿Por qué perdonar?

Quizás te estés preguntando: "¿Por qué habría de querer practicar el perdón?". La respuesta es sencilla. La práctica nos permite desarrollar habilidades. Las habilidades nos llevan a la maestría. Cuando dominas la práctica del perdón se vuelve tan natural como respirar. Y cuando sabes cómo perdonar, eliminas el exceso de peso mental y emocional que te mantiene atorado en situaciones, circunstancias y experiencias repetitivas que no son ni saludables ni productivas.

La única forma verdadera de crear una vida con más amor, más productiva y más satisfactoria es perdonando el pasado. Dejar ir el pasado nos restablece a la energía plena del momento presente.

Todo lo que hacemos y experimentamos en la vida nace de la energía que llevamos con nosotros. Las personas y las experiencias aparecen en respuesta a las invitaciones energéticas conscientes e inconscientes que generamos. Muchos creemos que lo que nos ocurre hace que surjan los sentimientos que experimentamos. La verdad es que es exactamente al revés.

El perdón está dirigido a cómo pensamos y cómo nos sentimos con respecto a otras personas y a nosotros mismos, y cómo esos pensamientos se manifiestan en nuestra vida como energía. Cada sentimiento tiene su origen en un pensamiento, porque cada pensamiento que tenemos crea energía. Si puedes eliminar el pensamiento, el sentimiento subyacente saldrá a la superficie. Esa es la razón por la que estamos perdonando nuestros pensamientos a lo largo de este proceso.

Como Michael Grant, autor de *Las 12 leyes de la vida* nos recuerda: "Tu mente controla tus estados de ánimo. De hecho, es apropiado decir que siempre tienes algún pensamiento (mente) antes de que sientas algo emocionalmente (estado de ánimo). El pensamiento puede ser tan rápido y aparentemente 'automático' que siquiera lo ves, o piensas que no estás pensando, pero sí lo estás haciendo. La verdad es que lo que piensas determina cómo te sientes: es una ley básica de la vida".

Si puedes acceder al sentimiento e identificarlo, descubrirás que hay un pensamiento ligado a él. Una vez que borras el sentimiento, el pensamiento también se disipa. No importa si exploras el pensamiento o el sentimiento origen. Lo que importa es si una situación, circunstancia o relación no te hace sentir bien, pues eso es una señal de que tienes que perdonar a alguien o algo.

Todo tiene que ver con la energía. La verdadera y pura energía de la vida, el bien y Dios es energía positiva. En esta práctica abordamos el pensamiento porque la mente es una energía poderosa y creativa. Todo lo que pensamos, hacemos y sentimos comienza en la mente. Por esta razón, tenemos que dirigirnos a los pensamientos, creencias, juicios, aprendizajes y percepciones que tenemos en nuestra mente. Cuando podamos identificar los sentimientos atorados debajo de nuestros pensamientos constantes y los neutralicemos, estaremos bien. El perdón ayuda a transformar y eliminar los bloqueos de energía que tenemos en nuestra mente sobre quiénes somos y quiénes son los demás, y los problemas o molestias subsecuentes que surgen de los pensamientos, creencias y juicios que tenemos. Crear una vida amorosa, saludable y satisfactoria, además de relaciones amorosas, saludables y satisfactorias comienza en la mente.

Muchos vivimos en nuestra cabeza porque los sentimientos pueden resultarnos aterradores. Es más fácil permanecer en nuestra cabeza pensando, creyendo y juzgando, ya que hacerlo parece más seguro que navegar por los sentimientos incómodos. Me refiero a las personas que viven "del cuello para arriba" porque no hay vida debajo del cuello. Piensan en todo y a menudo aparentan ser fríos, desapegados y sin sentimientos, y en muchos casos, así son precisamente.

La energía de un sentimiento no se muere o se va porque lo ignoremos o nos resistamos a ella. De hecho, es la energía del sentimiento no reconocido debajo del pensamiento distorsionado lo que nos mantiene atorados. Nuestros sentimientos envían señales energéticas armónicas o inarmónicas a lo largo de nuestro cuerpo. Sin embargo, si dejamos caer los brazos a los costados, nos sentamos en el sentimiento por un instante, y simplemente respiramos en lugar de ser emocionalmente insensibles, el sentimiento pasará. Muy a menudo, elegimos evitar los sentimientos porque nos dan miedo. Sin embargo, una vez que aprendemos a aprovechar la energía que está detrás de nuestros pensamientos, nuestras emociones ya no tienen el control de cómo nos sentimos y de lo que hacemos. El perdón es una práctica que nos ayuda a realinear nuestros pensamientos y sentimientos bajo un nuevo manejo consciente.

Piénsalo de esta manera: la mente es como un cachorrito. Un cachorro correrá por todas partes hasta que lo entrenemos para que no lo haga. Si no entrenamos al cachorro, crecerá como un perro adulto que se hace pipí en la alfombra, mastica nuestros zapatos y se abalanza sobre nuestros invitados. Cuando entrenamos a nuestra "mente cachorro" para que se siente, se quede quieta y dé vueltas siguiendo nuestra orden, nuestros pensamientos se vuelven más claros y se hace más fácil identificarlos, navegar por ellos y liberarlos.

> EL PERDÓN VA DIRIGIDO A CÓMO PENSAMOS Y CÓMO NOS SENTIMOS CON RESPECTO A LOS DEMÁS Y A NOSOTROS MISMOS Y A CÓMO ESOS PENSAMIENTOS SE MANIFIESTAN DENTRO DE NUESTRA VIDA COMO ENERGÍA.

Por supuesto, entrenar a la mente puede ser difícil. Ahí es donde entran en acción la meditación y el perdón. Estas dos prácticas —la meditación y el perdón— aquietan a la "mente cachorro" de modo que la energía bloqueada de nuestro cuerpo pueda surgir a la superficie y ser liberada. Hasta que aprendamos a meditar no podremos limpiar los pensamientos de nuestra "mente cachorro". Y a menos que practiquemos el perdón, no tendremos forma de liberar los sentimientos ocultos adheridos a esos pensamientos.

Muy a menudo quedamos atrapados en los recuerdos de lo que hemos hecho o no hemos hecho, de lo que otros nos han hecho o no nos han hecho. Lo que pensamos y sentimos sobre otras personas y sobre nosotros mismos puede mantenernos atorados en un pantano de emociones tóxicas. Muy a menudo, somos mojigatos con respecto a lo que pensamos y sentimos. Somos prontos para juzgar y lentos para perdonar. Creemos lo que creemos, y nos aferramos a ello con terquedad. Desafortunadamente, nuestros pensamientos y sentimientos tóxicos no nos nutren ni alimentan, y tampoco nos permiten estar en paz ni mantenernos en paz o ser amorosos.

Te ofrezco esta sencilla fórmula para reconocer los pensamientos y sentimientos discordantes. *Primero piensas, luego sientes, y finalmente, mantienes la energía en tu cuerpo.* Por ejemplo, si piensas que te han abandonado o que te están abandonando, puedes sentir la necesidad de aferrarte a las cosas o a las personas. Como resultado, puedes actuar

> **EL PERDÓN DESARROLLA LOS MÚSCULOS MENTALES, EMOCIONALES Y ESPIRITUALES.**

como una persona necesitada o dependiente, lo cual alejará a las personas de ti, y eso, a su vez, producirá sentimientos de abandono aún mayores en tu interior.

Las personas que viven del cuello para arriba, aquellos que se rehúsan a sentir sus verdaderos sentimientos, harán exactamente lo opuesto. En lugar de lidiar con pensamientos y sentimientos reprimidos de abandono, se rehúsan, en primer lugar, a apegarse. Dan la apariencia de ser fríos y tener corazón duro, lo cual también aleja a las personas. Incrementan sus sentimientos no reconocidos y recrean las mismas experiencias dolorosas una y otra vez. Desafortunadamente, a las personas que viven del cuello para arriba les gusta poner sus problemas a los pies de otras personas y proyectar sus pensamientos/sentimientos no procesados hacia todos los demás.

La práctica del perdón sanará la experiencia original de abandono que ha dado como resultado el subsecuente desapego de los sentimientos. Nuestro trabajo en esta práctica del perdón consistirá en llegar al meollo de la experiencia para liberar los pensamientos y sentimientos que perpetúan el movimiento cíclico. El perdón es un proceso que interrumpe el círculo y elimina las heridas del pasado de la mente y el corazón. El perdón apoya nuestro crecimiento hacia una nueva forma de pensar, ser y vivir. El perdón desarrolla los músculos mentales, emocionales y espirituales. En el mundo actual el *músculo* —es decir, la fortaleza y la resistencia— es algo que podemos usar mucho más todos los días.

A lo largo de esta práctica del perdón, se te pedirá que identifiques pensamientos y creencias. Una creencia es un pensamiento —alimentado por un sentimiento— que piensas una y otra vez hasta que se vuelve un hábito. Una vez que un pensamiento se vuelve habitual, ya ni siquiera reconoces que lo estás pensando. Por esta razón, resulta absolutamente esencial que identifiques y liberes las creencias arraigadas y desgastadas que a menudo mantienen a punto los pensamientos tóxicos. Para las personas que viven del cuello para arriba, esas revelaciones pueden resultar un tanto desafiantes. Sin embargo, ¡no te preocupes! Te tengo cubierto.

Disparadores emocionales

Algunas veces, identificar los pensamientos, sentimientos, creencias y juicios que necesitas perdonar no es fácil. La herramienta intuitiva que a continuación te presento está diseñada para ayudarte a tener acceso a la mente subconsciente y recibir retroalimentación de ella sobre los aspectos implacables y a menudo ocultos de tu conciencia. Estos son los elementos que pueden bloquear, retrasar, obstruir, obstaculizar o negar el crecimiento y la curación personales. También es lo que disminuye tu vibración energética personal. Identificar y perdonar estos bloqueos energéticos resulta esencial para la evolución personal.

Esta lista no es, ni con mucho, exhaustiva; sin embargo, cubre la mayoría de los sentimientos comunes y habituales que la persona promedio experimenta sin siquiera pensar en ello. Cuando llegues a la parte de limpieza de creencias de tu práctica del perdón, esta lista puede resultar invaluable, pues te ayuda a identificar el sentimiento que está oculto debajo del pensamiento.

Da un rápido vistazo a la Lista de Disparadores Emocionales, una línea a la vez. Si una palabra capta tu atención, escríbela. Aunque parezca que muchas de las entradas no se aplican a ti, asegúrate de repasar la lista todos los días antes de llegar al tema de perdón del día y de comenzar a escribir tus 12 Afirmaciones de Perdón.

Por ejemplo, asegúrate de repasar la Lista de Disparadores Emocionales antes de comenzar la Práctica de Perdón para perdonar a tu madre, a tu padre, y sí, incluso a Dios. Recuerda ser completamente honesto contigo mismo y con lo que sientes. No juzgues ("No debería pensar/sentirme de esta manera") ni te preocupes por cuántos disparadores se aplican a los pensamientos y sentimientos que tienes sobre ti o sobre otras personas.

Repasa los siguientes Disparadores Emocionales para ayudarte a identificar todos los bloqueos que pueden estar presentes en tu corazón y/o en tu mente. Simplemente reconoce que existen juicios y bloqueos energéticos cuando:

> Creo que soy…
> Creo que él/ella/ellos son…
> Pienso/siento/anticipo/ evito
> los siguientes Disparadores Emocionales

Abandonado	Mentalmente ausente	Abuso	Accidentes
Acusar	Adicto	Temeroso	Ofendido
Agresivo	Agitado	Agonía	Solo
Ambición	Analizar	Enojo	Angustia
Ansiedad	Aprensivo	Discutidor	Arrogancia
Avergonzado	Avergonzado (de mi/ de la vida)	Apego	Ataque (hacia mí mismo/hacia la vida)
Evitación	Malo	Juzgar	Terco
Reactivo	Disperso	Demasiado emocional	Descentrado

Traicionado	Amargura	Culpa	Devoción ciega
Aburrido	Aburrimiento	Mandón	Apesadumbrado
Atareado	Descuido	Engañado	Codependencia
Quejas	Poner en peligro	Compulsión	Preocupado
Conflicto	Indeciso	Confundido	Confusión
Control	Control (pérdida de)	Controlador	Cobardía
Loco	Criticó	Critica	Criticado
Crueldad	Cinismo	Engaño	Deshonestidad
Deshonesto	Derrotado	Defensivo	Estar a la defensiva
Desafío	Abatido	Negación	Negado
Dependencia	Depresión	Desesperado	Desesperanzado
Destructivo	Devastado	Tortuosidad	Descontento
Descartado	Descartar	Desanimado	Desgraciado
Deshonestidad	Desánimo	Desorden	Desorientado
Dominación	Duda	Duda (de uno mismo)	Drenado
Drama	Atemorizado	Soñar	Egoísta
Avergonzado	Emociones	Sentirse vacío (en la vida)	Sentirse vacío (interno)
Enojado	Sentir que mereces más	Envidia	Escape
Exageración	Centrarse demasiado en los demás	Excusas	Explotado

Extremista	Fracaso	Falso	Falsedad
Fantasear	Agotamiento físico/ mental	Falsas creencias	Tener miedo
Miedos	Sentirse necesitado	Ideas fijas	Centrarse en el pasado
Estupidez	Olvidadizo	Fragmentado	Aterrorizado
Dolor	Culpa	Influenciable	Angustia
Tener el corazón roto	Angustia	Pesadez (de cargas)	Pesadez en la mente y el cuerpo
Sentirse indefenso	Dubitativo	Sin esperanza	Horrorizado
Hostil	Humillado	Apurado	Lastimado
Impulsividad	Inexactitud	Sentirse no adecuado	Incompleto
Endeudado	Indecisión	Indiferencia	Indiferente
Indignado	Inercia	Inflexible	Lesionado
Inseguridad	Insensibilidad	Intelectualizar	Intolerancia
Invalidado	Irresponsable	Enojado	Aislamiento
Celos	Juzgado	Crítico	Limitaciones que justifican
Falta de compromiso	Falta de confianza	Falta de creatividad	Falta de disciplina
Falta de energía	Falta de propósito	Falta de confiabilidad	Flojera
Flojo	Vivir en el pasado	Soledad	Solo
Perdido	Poca energía	Mentir	Enloquecer

Nutrición inadecuada	Manipulado	Manipulación	Martirio
Materialismo	Mediocridad	Melancolía	Minimizar
Miserable	No comprendido	Altibajos emocionales	Mortificado
Estrechez de miras	Necesidad de complacer a los demás	Negatividad	No divertirse
Hábitos que no brindan apoyo	Obnubilado	Obnubilación	Obligado
Obsesiones	Ofendido	Oportunismo	Encolerizado
Comer demasiado	Hacer demasiado ejercicio	Exigirse demasiado	Ser pasado por alto
Gastar demasiado	Sobrepeso	Agobio	Sentirse abrumado
Trabajar demasiado	Dolor	Perfeccionismo	Perseguido
Fobias	Mala salud	Baja autoestima	Posesividad
Mentalidad de pobreza	Prejuicio	Sentirse presionado	Orgullo
Postergación	Castigado	Ofendido	Abusado
Cólera	Racionalización	Rebeldía	Rebelde
Arrepentimiento	Represión	Resentido	Resentimiento
Amargado	Resistencia	Responsable	Ridículo
Rudeza	Huir	Tristeza	Sarcasmo
Temeroso	Disperso	Desdeñado	Buscar aprobación

Egoísmo	Solo pensar en uno mismo	Autoengaño	Timidez
Tontería	Pesar	Estancado	Estar en aprietos
Atorado	Estúpido	Estar sufriendo	Suspicaz
Aterrorizado	Cansado	Torturado	Atrapado
Traumatizado	En problemas	Feo	No apreciado
Inseguro	Incómodo	Distraído	Insatisfecho
No sentirse amado	No sentirse motivado	No sentirse preparado	No sentirse apoyado por los demás
No apoyar a los demás	Desconfiar (de uno mismo/Dios)	Indigno	Vengativo
Vulnerable	Acabado	Débil	Aburrido
Raro	Exhausto	Preocupado	No sentirse valioso
Herido			

¡No juzgues!

E s chistoso que, igual que yo, gran parte de Estados Unidos sea adicto a programas de televisión como *La ley y el Orden*, *CSI* o *NCIS*. Estos dramas de crimen y castigo apoyan nuestras creencias de que todo y todos deben ser juzgados. Por cada crimen debe haber un castigo. En un día determinado, todos somos jueces y jurado en los casos que construimos o mantenemos en nuestra mente.

Nos juzgamos a nosotros mismos y a los demás cuando creemos que alguien es culpable a menos que pruebe ser inocente. En el reino de la conciencia, un juicio es una clasificación. Es un pensamiento que clasifica a las personas y las cosas como correctas o incorrectas, buenas o malas, justas o injustas cuando las comparamos contra lo que creemos. En el núcleo de todos los juicios hay una creencia de que las cosas no son como deberían ser, o como necesitamos que sean. Nuestros

> EL PERDÓN ES
> LA ÚNICA CURA
> PARA JUICIOS

juicios a menudo hacen surgir un sentimiento tóxico o negativo. El perdón es la única cura para juicios largamente sostenidos. Perdonar nuestros juicios abre un espacio y una energía en nuestra mente y nuestro corazón que ha permanecido bloqueada por el enojo, la amargura y el resentimiento.

Lo que a menudo resulta desafiante para la mente humana es aceptar que, independientemente de cuán dura, desafiante, atemorizante o difícil pueda parecer una experiencia, todo es tal y como tiene que ser para que sanemos, crezcamos y aprendamos. Así es como el universo funciona. Ten por seguro que a la mayoría de los seres humanos se les dificulta aceptar la forma como opera el universo. En eso consiste ser humano. Esa es la razón por la que nos enfrentamos con retos y dificultades. Así es como finalmente aprendemos a confiar en el proceso de la vida y en nuestra capacidad de desenvolvernos durante tiempos difíciles. Así es como crece nuestra fe y aprendemos a confiar en Dios.

En el momento en el que decidimos lo que es o lo que no debería ser estamos negando la presencia del amor. Dios es amor. El amor siempre está presente, rodeándonos, guiándonos, haciéndonos crecer y enseñándonos. Aun en medio del caos total, el dolor y la impotencia, el amor está llamándonos a una experiencia y expresión superiores.

El perdón inevitablemente nos lleva a la aceptación. Es una demostración de tu disposición de seguir adelante. No significa que estés de acuerdo con lo que ha ocurrido, o que lo condones, lo aprecies o, incluso, que te guste. Aceptar significa que sabes que, independientemente de lo que ocurrió, hay algo más grande que tú que está operando. También significa que sabes que estás bien y que seguirás estando bien. A pesar de que no lo sepas todavía, significa que estás dispuesto a abrir ese espacio: el perdón restablece nuestra fe, reconstruye nuestra confianza y abre nuestro corazón a la presencia y el poder del amor.

Juicios

Desde los 16 años y hasta su muerte en la víspera de su cumpleaños número cincuenta, mi hermano fue adicto a las drogas y al alcohol. Cuando estaba sobrio, Ray era el hombre más amable, amoroso y brillante que jamás hubiera conocido. Tenía un sentido del humor negro y le encantaban los niños. Cuando veía cómo interactuaba con mis hijos, a menudo me sentía celosa por no tener su paciencia y su capacidad de ver las cosas de una manera infantil e inocente. Sin embargo, cuando mi hermano estaba drogado, su conducta era beligerante, argumentativa y, muy a menudo, ofensiva. Por ningún motivo entendía por qué un hombre tan lindo, guapo y brillante alteraba voluntariamente su estado de conciencia y conscientemente metía un veneno a su cuerpo.

> EN EL CENTRO DE TODOS LOS JUICIOS ESTÁ LA CREENCIA DE QUE LAS COSAS NO SON COMO DEBERÍAN SER, O COMO NECESITAMOS QUE SEAN

Después de muchos años de llamadas telefónicas a altas horas de la noche que terminaban con uno o con ambos gritando a más no poder, puse los pies en la tierra. Dije a mi hermano que no quería que me llamara si no estaba cuerdo y sobrio. En respuesta, no me llamó… por cinco años. Durante todo ese tiempo tuve que pensar largo y tendido sobre lo dura que había sido con mi hermano mayor. Conocía los intrincados altibajos de nuestra niñez. Conocía lo sensible que era mi hermano y lo mucho que lo habían lastimado, dañado y herido debido a la mala conducta de los adultos que había en nuestra vida. Conocía todas estas cosas acerca de él porqué sabía que yo había pasado por lo mismo.

Me tomó mucho tiempo y una gran cantidad de perdón hacia mí misma reconocer que yo también era una adicta. No bebía alcohol ni me drogaba, pero era adicta a la validación externa, a tener la razón en todo, a que las cosas se hicieran a mi manera para poder sentirme segura. Tenía la tendencia de decir cualquier cosa que quisiera a quien fuera, sin preocuparme si era apropiado o si mis palabras eran necesarias. Era adicta a ser vista y escuchada, y al mismo tiempo, era adicta a no ser aceptada o a sentirme culpable. Cerca de nueve meses antes de saber de mi hermano, reconocí que lo había juzgado precisamente por aquellas cosas que yo no aceptaba en mí misma.

Nada en la vida causa más dolor y sufrimiento que los juicios que mantenemos contra otros y contra nosotros mismos. Creo que Byron Katie lo expresa de mejor manera: "Cuando te peleas con la realidad, sufres". Los juicios son los pensamientos o los argumentos que mantenemos contra lo que es, lo que fue y lo que debería ser. Todos los juicios crean sufrimiento y tienen que ser perdonados.

Cada interacción y experiencia en la vida ofrece la oportunidad de hacernos conscientes de aquellas cosas que no reconocemos y/o no aceptamos en nosotros mismos. Esta es la base de todos los juicios. Es muy fácil señalar en otros las cosas que negamos, rechazamos, evitamos, disculpamos y nos resistimos a reconocer y que, de hecho, creemos que son ciertas sobre nosotros. Cuando estamos dispuestos a ser emocionalmente honestos, descubrimos que las reacciones que tenemos hacia las circunstancias, las situaciones y las personas nos brindan más información sobre nosotros que sobre cualquier otra persona o cualquier otra cosa. Cada encuentro perturbador dispara una emoción que está presente en nuestro panorama interno.

Cuando alguien hace un comentario sobre nosotros, eso puede disparar nuestro dolor, nuestro miedo o nuestra tristeza. Podemos juzgar a la persona como mala o insensible o irrespetuosa. Si hacemos una investigación más minuciosa descubrimos que aquello que alguien más nos dijo es lo mismo que podríamos habernos dicho a nosotros mismos sobre nuestra persona, cuando nadie más nos escuchaba. Sin embargo, cuando alguien hace el mismo comentario y no tenemos ese juicio sobre nosotros mismos es probable que no nos sintamos lastimados u ofendidos por él. Independientemente de las circunstancias, nuestras acciones internas hacia las personas y los acontecimientos son un reflejo de nuestros propios juicios hacia nosotros mismos y de emociones tóxicas mantenidas durante largo tiempo. Raramente, nuestras reacciones negativas tienen algo que ver con la mala conducta de otra persona.

> NADA EN LA VIDA PROVOCA MÁS DOLOR Y SUFRIMIENTO QUE LOS JUICIOS QUE MANTENEMOS SOBRE Y EN CONTRA DE NOSOTROS MISMOS.

Problemas de juicio primario

Muy a menudo, podemos rastrear los juicios hasta uno de tres asuntos primarios:

1. **No toleramos o no podemos tolerar la misma conducta o característica en nosotros.** Cuando albergamos sentimientos de ineptitud, inconveniencia, debilidad o el síndrome "de no ser suficiente", nos molestamos cuando nuestra conducta y tendencia es demostrada por otra persona. Verla "ahí afuera" nos avergüenza, así que condenamos lo que se está demostrando. Un juicio de molestia o vergüenza a menudo revela que no estamos expresándonos plenamente, y experimentamos resentimiento o enojo cuando otros lo hacen.

2. **No estamos conscientes de que nos comportamos de una determinada manera y del impacto que esa conducta tiene en los demás.** Así pues, la desconocemos y la proyectamos en otras personas y nos disgusta "ahí afuera". Cuandoquiera que experimentamos disgusto hacia algo, molestia o enojo con respecto a cómo alguien está siendo quien es, debemos preguntarnos: "¿Cómo y bajo qué circunstancias tengo tendencia a comportarme del mismo modo?". Solo cuando estamos dispuestos a mirar con honestidad dentro de nosotros para determinar si compartimos algunas de las características que detestamos en otros podemos aceptarnos y estar conscientes de nosotros mismos.

3. **Cuando somos envidiosos o resentidos debemos encontrar algo malo en otras personas que tienen lo que queremos o hacen lo que**

nosotros deseamos hacer. Los juzgamos para que ellos estén equivoca-das sobre quiénes somos y lo que no hemos creado para nosotros. Cuando alguien logra un cierto nivel de éxito o reconocimiento, eso puede recor-darnos una falta de confianza o de éxito en nuestra propia experiencia de vida. Cuando salen a la superficie sentimientos de inadecuación frente al éxito es probable que busquemos y encontremos algo malo en la persona para negar lo que está bien o es bueno en ella y en sus logros. A esto tam-bién se le conoce como la mentalidad de "cangrejos en una cubeta": jalar a alguien hacia abajo, al nivel en el que creemos que nosotros nos encon-tramos.

Ya que los juicios son una estrategia que el ego utiliza para evitar sentimien-tos incómodos, si no estamos conscientes de los sentimientos que se ocultan en nuestro propio paisaje interno, podemos, y muy probablemente lo hare-mos, crear toda clase de historias enjuiciadoras sobre las personas que dis-traen nuestra atención lejos de lo que estamos experimentando en nuestro interior. Es solo cuando perdonamos nuestros juicios que podemos tener compasión por otros, aun cuando se comporten como nosotros no lo ha-ríamos.

El perdón nos permite explorar y soltar nuestras creencias y suposiciones sobre nosotros mismos largamente sostenidas en lugar de juzgar a otras perso-nas. La recompensa del perdón consiste en eliminar la trampa de la gratifica-ción inconsciente del ego que recibimos cuando juzgamos a los demás y eso permite que surja una experiencia más profunda de comprensión de nosotros mismos. Cuando verdaderamente nos entendemos y cultivamos la compasión hacia los aspectos menos deseables de quienes somos es muy poco probable que nuestra primera reacción sea juzgar a alguien más. Lo que tenemos más dentro de nosotros y para nosotros, podemos darlo a los demás.

> INDEPENDIENTEMENTE DE CUÁN DURA, DESAFIANTE, ATEMORIZANTE O DIFÍCIL PUEDA PARECER UNA EXPERIENCIA, TODO ES TAL Y COMO TIENE QUE SER PARA QUE SANEMOS, CREZCAMOS Y APRENDAMOS.

Juzgamos a otras personas cuando observamos sus acciones. Una persona se comporta en función del entendimiento que tiene de quién es, de lo que se espera de ella, y de su perspectiva histórica de la vida. A menudo, hacemos juicios sobre los demás en momentos en los que no podemos procesar nuestros propios sentimientos de incomodidad. Los comentarios críticos sobre una persona son siempre un reflejo de nuestra propia vida y actitudes. Con el tiempo, con la práctica y con el perdón desarrollamos un entendimiento más profundo de que lo que decimos y hacemos a los demás puede y de hecho transformará la forma como vivimos en nuestro interior.

Tapping para el perdón

Después de perder a mi hija me encontraba mental, emocional y espiritualmente deshecha y atorada. Estaba atorada en el dolor, en el pesar y en la rabia. El pesar y el dolor eran comprensibles. La rabia, no tanto. No sabía con quién estaba enojada o por qué; sin embargo, la energía de la rabia me mantuvo en un estado constante de náusea. Sé el peligroso impacto que el enojo tiene sobre el sistema nervioso, más que cualquier otra emoción. Sabía qué hacer; sabía cómo sanarme a mí misma. Después de todo, acababa de enterrar a mi hermosa hija: ¿Por qué no habría de estar enojada? ¿Por qué? Porque el enojo, la rabia, la tristeza, la vergüenza, la culpa y cualquier otra emoción tóxica e improductiva es dañina para tu cuerpo; esa es la razón. Eran los primeros días de la primavera. La primavera es una época de renovación y crecimiento. Era mi momento de crecer más allá de la pérdida y el dolor, de la tristeza y la rabia. Y aunque no quería hacerlo, sabía que era momento de hacerlo.

Una de mis prácticas matutinas consiste es sentarme en mi terraza, tomar una taza de café y hacer mi lectura del día: libros inspiradores que me ayudan a permanecer centrada y anclada. Cuando completo mi lectura diaria, vacío mi mente escribiendo en mi diario. La temperatura era de tan solo 15°C afuera esa mañana, pero el sol estaba brillando, y eso siempre me ayuda a sentirme mejor. Así pues, ese día me salté la lectura y fui directamente a mi diario. Escribí todo lo que podía pensar que me hacía sentir completamente rabiosa.

Después de seis páginas, comencé a escribir mis Afirmaciones de Perdón. Me perdoné por todos los juicios y miedos que había estado guardando y protegiendo. Una vez que completé tres páginas, comencé a hacer *tapping* en mí para liberarme de mis pensamientos y sentimientos turbulentos. Los resultados fueron tan profundos que posteriormente me entrené y certifiqué como experta en un proceso de curación conocido como Técnica de Liberación Emocional Progresiva (Pro EFT™, por sus siglas en inglés), o *tapping*. Pro EFT™, el proceso creado por la maestra en EFT, Lindsay Kenny, puede compararse con el proceso de la acupuntura sin agujas. Esta evolución de la terapia basada en los meridianos —utilizada para mover los bloqueos energéticos a través y fuera del cuerpo— tiene sus raíces en el innovador trabajo de Gary Craig.

Todo pensamiento crea energía u ondas vibracionales que envían mensajes a lo largo del cuerpo y hacia el medio ambiente físico en el que vivimos. Cuando tenemos pensamientos negativos o tóxicos repetitivos, ocurre una disrupción en nuestros senderos energéticos que contamina el cuerpo y crea discordia en nuestras experiencias de vida. La energía creada por nuestros pensamientos y emociones tóxicas es como gasolina en un auto; pasa por cada sistema y determina el desempeño del auto. La buena gasolina mantendrá en movimiento a un auto a su máxima capacidad. La gasolina mala tapará todo el sistema hasta que el auto se descomponga o ya no funcione. Las emociones del cuerpo son como la gasolina de un coche: o bien te mantendrán funcionando correctamente o te mantendrán atorado interna y externamente. Estar atorado internamente puede producir todo tipo de padecimientos y enfermedades físicas. Estar atorado externamente puede tener un impacto en tus relaciones, tus finanzas y en la capacidad de encontrar tu camino o cumplir tu destino.

Todos tenemos energía negativa en la forma de pensamientos, creencias, emociones y recuerdos sobre alguien o sobre algo. Estos pensamientos no solo crean estrés, sino que también pueden disparar una disrupción en la energía o sistema de meridianos del cuerpo la cual se experimenta como un dolor físico o psicológico. El *tapping* es un proceso que puede desbloquear el malestar mental, emocional o psicológico atorado provocado por la energía bloqueada. Al hacer *tapping* en ciertos puntos meridianos del cuerpo y al expresar en voz alta los sentimientos que tenemos, podemos estimular y limpiar los sistemas del cuerpo que almacenan energía bloqueada.

En las siguientes páginas se encuentra un mapa de los puntos de *tapping* de energía/meridianos con los que estaremos trabajando a lo largo de nuestro proceso de perdón. Fue proporcionado por la maestra en EFT, Lindsay Kenny, mi maestra, amiga y coach. El Sistema de Tapping que utilizamos en nuestra Práctica de Perdón de 21 Días es mi adaptación al sistema Pro EFT™ de Lindsay. Los puntos de Pro EFT™ son fáciles de identificar y comprender, y pueden aprovecharse para producir cambios milagrosos en tu vida.

La gráfica de Puntos Energéticos es un útil recordatorio de los puntos de EFT en los que estarás haciendo *tapping* a lo largo de tu viaje de perdón. La gráfica de Conexiones de Puntos de Tapping representa las profundas conexiones que existen entre nuestros meridianos energéticos y nuestras emociones. Pone énfasis en por qué el *tapping* puede, literalmente, "liberarnos".

Si eres completamente nuevo en el *tapping*, por favor visita www.ProEFT. com [sitio en inglés] donde puedes tener acceso a un manual básico de EFT y a una gran cantidad de recursos valiosos en la página de Cosas Gratis.

PUNTOS ENERGÉTICOS

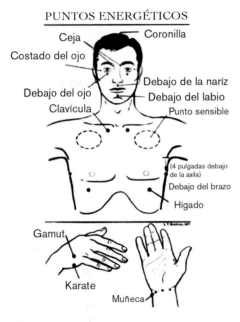

1. Ceja (CE)
2. Costado del ojo (CO)
3. Debajo del ojo (DO)
4. Debajo de la nariz (DN)
5. Barbilla (BA)
6. Clavícula (CL)
7. Debajo del brazo (DB)
8. Hígado (HI)
9. Muñecas (MU)
10. Coronilla (CR)

Conexiones con los puntos de tapping: meridianos y emociones

Punto Karate (KC): *Costado de la mano* **Meridiano del Intestino Delgado**
Libera: tristeza, reversión psicológica (sentirse atorado o congelado), incapacidad de dejar ir, resistencia al cambio, preocupación, conducta compulsiva.
Apoya: dejar ir el pasado, avanzar, curación del dolor emocional, conectarse con las circunstancias presentes.

Ceja (CE): *Inicio de la ceja* **Meridiano de la Vejiga.**
Libera: traumas, heridas, tristeza, inquietud, frustración, impaciencia, temor.
Apoya: paz, curación emocional.

Costado del (CO): *Esquina exterior* **Meridiano de la Vesícula Biliar.**
Libera: rabia, enojo, irritación, resentimiento, miedo al cambio, pensamiento confuso.
Apoya: claridad, compasión.

Debajo del ojo (DO): *Sobre el hueso, debajo del ojo* **Meridiano del Estómago.**
Libera: preocupación obsesiva, ansiedad, fobias, frustración, nerviosismo, antojos.
Apoya: confianza, satisfacción, calma, sentirse seguro.

Debajo de la nariz (DN): *Arriba del labio superior, a la mitad* **Meridiano Gobernador a lo largo de la columna vertebral.**
Libera: vergüenza, cobardía, impotencia, pena, culpa, miedo al ridículo o el fracaso, reversión psicológica profunda.
Apoya: valentía, coraje, autoaceptación, autoempoderamiento.

Barbilla (BA): *Debajo del labio inferior* **Vaso Central del cuerpo.**
Libera: vergüenza, confusión, incertidumbre, dudas a la hora de tomar decisiones, reversión psicológica.
Apoya: honor, claridad, certeza, confianza, autoaceptación.

Clavícula (CL): *Una pulgada debajo de los huesos* **Sistema neurolinfático.**
Libera: ansiedad, inseguridad, indecisión, reversión psicológica, sentirse atorado, estrés general.
Apoya: poder y logro, facilidad para avanzar, razón, diplomacia, confianza, claridad, armonía.

Debajo del brazo (DB): *A la mitad de la axila* **Meridiano de Bazo.**
Libera: enojo contra uno mismo, rabia, culpa, infelicidad.
Apoya: amabilidad hacia uno mismo, cuidado, autoaceptación.

Hígado (HI): *Centro de las muñecas* **Meridianos del Corazón, Pericardio e Hígado.**
Libera: dolor, pesar, descuido hacia uno mismo, sentirse abrumado, enojo, insomnio, hinchazón, inflamación, estrés mental/emocional.
Apoya: conciencia corporal, sistema nervioso, relajación, claridad de pensamiento, intuición, transformación, regeneración.

Coronilla (CR): *Dos pulgadas atrás del centro exacto* **Meridiano Gobernador.**
Libera: pensamiento compulsivo, confusión, desorganización, crítica interna.
Apoya: capacidad de defenderse, conexión espiritual y discernimiento, reflexión, intuición, concentración, sabiduría, claridad.

Combinar el perdón y el *tapping* es una forma poderosa de desbloquear todos los sistemas que conforman tu vida y abrir paso para que se desarrolle una nueva energía y nuevas experiencias. La clave para el *tapping* exitoso consiste en poder identificar y decir en voz alta las emociones ligadas a los pensamientos y memorias que son repetitivas o están atoradas. Las mujeres tienen pensamientos negativos sobre las mujeres y sobre los hombres. Los hombres tienen pensamientos negativos sobre los hombres y sobre las mujeres. Muchas personas tienen pensamientos negativos sobre los negros, los blancos, los latinos o los asiáticos; sobre su madre, su padre, su supervisor, su pareja o sus hijos. A medida que avances por el Proceso de Perdón de 21 Días será importante que identifiques las emociones negativas que se ocultan detrás de tus pensamientos. Puedes hacerlo utilizando la Lista de Disparadores Emocionales que se encuentran en las páginas 19-24. Al identificar los pensamientos negativos o los sentimientos tóxicos asociados con las personas o experiencias que estás eligiendo perdonar, el *tapping* puede añadir aún más energía positiva a tu vida y bienestar.

Existen recompensas poderosas y positivas que vienen con el perdón. Liberar recuerdos largamente sostenidos o tóxicos a través del proceso del perdón —y eliminar el estrés que los bloqueos energéticos ponen en tu cuerpo— puede también agregar años a tu vida. Incluir el *tapping* en el proceso de perdón abre tus centros de energía de modo que puedas atraer más de las cosas que deseas en lugar de permanecer atorado en lo que ya tienes.

El proceso de tapping para el perdón

- Identifica el tema
- Determina el nivel de intensidad
- Limpiar la resistencia/Declaración de reversión
- Afirmación de preparación
- Secuencia de *tapping*
- Vuelve a verificar el nivel de intensidad

Paso 1: Identifica el tema

Cada día durante el Proceso de Perdón de 21 Días, estarás trabajando en un tema específico. Ese tema será el centro de tu diario y de tu trabajo de *tapping* para ese día. Estarás escribiendo en tu diario y haciendo *tapping* sobre los pensamientos, creencias, emociones y recuerdos repetitivos relacionados con el tema del día.

Paso 2: Determina el nivel de intensidad

Para este proceso necesitarás determinar la intensidad energética o emocional del tema del día en una escala del 0 al 10. Puedes hacerlo simplemente pensando en el tema del día y preguntándote: "En una escala del 0 al 10, ¿qué tan intensa es la carga energética de este asunto en mi cuerpo?". Confía en lo que escuches.

Escribe el número.

0   = Ninguna carga o perturbación energética. Estoy en paz.

5   = Me siento incómodo, pero puedo tolerarlo.

10 = Este es un verdadero problema y me está volviendo loco. Siento una gran perturbación.

Recuerda que nuestro objetivo en el proceso de *tapping* es llegar a una intensidad 0. Esto significa que cuando evalúes tu "perdón" con respecto al tema de cada día, la meta es que te sientas despejado, sin cargas, en paz y completo. No te preocupes por obtener el número correcto. Simplemente pregúntate:

"En una escala del 0 al 10, ¿cuál es el nivel de intensidad de la "falta de perdón" que tengo con respecto al tema del día?" Surgirá un número en tu mente. Confía en lo que surja.

Pasos 3 y 4: Limpiar la resistencia/afirmación de preparación

Cuando algo nos es familiar, aunque no sea bueno para nosotros, la mente tiene una tendencia a aferrarse a ello. La resistencia es el acto mental y emocional de aferrarse a aquello que es improductivo o, en muchos casos, tóxico y autodestructivo. Esto significa que nuestras intenciones conscientes literalmente se revierten, como si nos desconectaran. Desafortunadamente, no siempre estamos conscientes de tener resistencia. La Afirmación de Reversión y la Afirmación de Preparación están diseñadas para liberar la resistencia subconsciente o incluso consciente que nos mantiene atorados. Estas afirmaciones trabajan para echar fuera pensamientos y sentimientos habituales o repetitivos largamente sostenidos. Liberar las resistencias ocultas permite que nuestro trabajo de *tapping* progrese a una velocidad mucho mayor.

Para los propósitos del Proceso de Perdón de 21 Días, las Afirmaciones de Reversión y las Afirmaciones de Preparación a menudo serán bastante similares. Al principio de la secuencia de *tapping* de cada día repetirás la Afirmación de Reversión y la Afirmación de Preparación tres veces mientras haces *tapping* continuamente sobre el Punto Karate.

Esta es la Fórmula de la Afirmación de Reversión de Pro EFT™: Aunque este _____ (problema, emoción o falta de perdón) me hace

_____ (menciona la forma como afecta tu vida; cómo te mantiene atorado, enojado, amargado, estresado, etc.) hay una PARTE de mí que no quiere liberarlo (cambiarlo, dejarlo ir, avanzar, perdonar, etc.) y yo quiero amarme (aceptarme, respetarme, gustarme…) de todos modos.

Es importante que recuerdes que no puedes hacer únicamente la Preparación de Reversión. Así pues, debes hacer las rondas de *tapping* hasta que el problema haya desaparecido por completo… no solo que haya "mejorado".

Ejemplo de Afirmación de Reversión: *Aunque hay una parte de mí que se está aferrando a [tema del día] y esa parte de mí se rehúsa a dejarlo ir, me amo completa e incondicionalmente.*

Ejemplo de Afirmación de Preparación: *Aunque me he estado aferrando a la falta de perdón y a los juicios sobre [tema del día] y no quiero dejarlos ir, aun así me amo, me respeto y me acepto completa y profundamente.*

Observa que tanto la Afirmación de Preparación y, posteriormente en el proceso, la Afirmación de Preparación Modificada, contienen la palabra "aun así". Esta palabra es una señal para tu mente subconsciente de que te encuentras en la fase activa de liberación de tu proceso.

Paso 5: La secuencia de *tapping*

A lo largo del Proceso de Perdón estarás haciendo *tapping* sobre un tema diferente para cada uno de los 21 días. Por ejemplo, el Día 1 tu trabajo se enfocará en la falta de perdón que tienes hacia ti mismo. En el Día 2, tu trabajo se centrará en la falta de perdón que has mantenido relacionada con tu cuerpo.

El *tapping* intencional diario en cada uno de los 10 puntos meridianos responsables del flujo positivo de energía en todo tu cuerpo, tu mente y espíritu es un proceso muy poderoso. Al ligar el *tapping* con las 12 Afirmaciones de Perdón escritas en tu diario liberarás la energía atorada y recuperarás un nuevo nivel de paz, equilibrio y balance. Comenzar con la Ceja y hacer *tapping* hasta la Coronilla constituye una ronda de *tapping*. A medida que haces *tapping* repites cada Afirmación de Perdón en voz alta como un recordatorio de tu intención. Trabaja en cada punto meridiano hasta que el nivel de intensidad haya llegado a 0. Haz siempre una ronda completa —desde la Ceja hasta la Coronilla— aun si eso implica que repitas la misma afirmación varias veces.

Paso 6: Vuelve a verificar el nivel de intensidad

Una vez que hayas completado 3 rondas de *tapping* relacionadas con el tema del día, detente y da unos cuantos sorbos de agua. Haz una respiración profunda a través de la nariz. Libera el aire lenta y suavemente por la boca, haciendo el sonido "Ahhhhh" mientras lo llevas a cabo.

Una vez más, simplemente hazte la pregunta: "En una escala del 0 al 10, ¿qué tan intenso es este asunto dentro de mi cuerpo?". Confía en lo que escuches.

Vuelve a verificar tu nivel de intensidad con respecto a cualquier falta de perdón que tengas hacia ti o hacia los demás.

Si el nivel se encuentra en 8, repite la Secuencia de Tapping de 3 Rondas descrita en el Guion Extra de Tapping (o el guion que tú hayas escrito).

Si el nivel es menor a 8, repite una de las Afirmaciones de Preparación Modificadas 3 veces mientras haces *tapping* constantemente en el Punto Karate. Esto ayuda a desbloquear cualquier resistencia remanente. Luego lleva a cabo la Secuencia de Tapping de 10 puntos sobre las 12 Afirmaciones de Perdón de tu diario.

Repite la secuencia, haciendo una pausa después de cada ronda para reevaluar la intensidad energética de tu problema. Registra tu progreso hasta que te encuentres en un nivel 0 de intensidad.

PARTE II

21 días de perdón

Perdoné al hombre que me violó y a los

hombres que me abandonaron.

Perdoné a la mujer que abusó de mí y a

las mujeres que me traicionaron.

Perdoné a las personas que me mintieron y perdoné

a aquellas que mintieron acerca de mí.

Perdoné a la persona que me robó, a la persona

que me decepcionó, y a todas las personas que me

rechazaron, me minimizaron y me negaron.

La única persona a la que no he estado dispuesta o

no he sido capaz de perdonar es a mí misma.

—Iyanla Vanzant

Me perdono a mí mismo

*Por encima de todo lo demás, deseo ver
las cosas de manera diferente.*

Quiero ver lo que es cierto, amoroso, amable y real
en lugar de los falsos pensamientos e imágenes que
he proyectado hacia el mundo y hacia mí mismo.

El perdón libera de mi mente los falsos
pensamientos haciendo que "ver" sea posible.

El perdón deshará la creación de imágenes
del ego que he dirigido hacia mí.

— ORACIÓN TOMADA DEL *CUADERNO
DE TRABAJO DE UN CURSO DE MILAGROS
LECCIÓN 28*

—Historia de perdón, por Iyanla Vanzant—

Como seres humanos, es muy fácil identificar y juzgar la mala conducta y equivocaciones de otra persona. Es mucho más difícil, e incluso más importante, reflexionar sobre cómo nuestros propios malos actos han atraído a ciertas personas, situaciones y experiencias a nuestra vida. Si en verdad estás prestando atención y *en verdad* estás listo para sanar, llegará el día en el que reconocerás que el perdón es el único camino de regreso al centro de tu inocencia. Es una elección muy dura que tuve la bendición de aprender.

Me tomó cuatro años llegar al punto de crisis, pero solo dos minutos ponerme de rodillas. Durante mucho tiempo sospeché que el padre de mi nieta sentía mucha rabia y menosprecio hacia mí. A decir verdad, más que sospecharlo, lo sabía. Sin embargo, sencillamente no me importaba. Mi única preocupación era mi nieta, la hija pequeña de Gemmia. Sentía que había una lucha de poderes entre el padre de mi nieta y yo. Él, finalmente, tenía el control de algo que yo quería, y estaba haciendo todo lo posible por demostrar su poder sobre mí.

> LLEGARÁ EL DÍA EN QUE RECONOZCAS QUE EL PERDÓN ES EL ÚNICO CAMINO DE REGRESO...

No me permitía ver a mi nieta. Solo podía verla cuando él así lo decidía y solo si acataba las reglas que él ponía. No importaba si yo llamaba dos o tres veces por semana. Él me regresaba la llamada cuando quería, lo cual, por lo regular, ocurría cada 15 días, o cuando el hecho de que la niña estuviera conmigo le resultaba conveniente. Seguí el juego porque tenía miedo de que si no lo hacía, jamás volvería a verla. Y sabía que poder verla era mucho más importante que hacer una demostración de fuerza.

Las cosas llegaron a un punto álgido tal que bloqueó su teléfono: ella no podría llamarme, y cuando yo llamara, directamente salía el buzón de voz. Después de seis semanas en esta situación, comencé a rezar con gran intensidad, todo el día, todos los días. No me sorprendió —estaba *encantada*— cuando mi nieta me llamó para preguntarme si podía recogerla para pasar el fin de semana juntas. Tenía tantos deseos de verla y abrazarla que mi respuesta inmediata fue que sí podía hacerlo. Iría a recogerla por la mañana.

> **LA CURACIÓN ESTABA AL ALCANCE DE MI MANO, LO CUAL SIGNIFICABA QUE SERÍA NECESARIO EL PERDÓN.**

Tan pronto como colgué el teléfono reconocí que había llegado el momento de salirme del miedo y entrar en una nueva forma de ser con él y para mí. La curación estaba al alcance de mi mano, lo cual significaba que sería necesario el perdón. Yo estaba dispuesta a perdonarlo, o al menos eso pensaba. Le regresé la llamada, salió el buzón de voz, y dejé un mensaje. No iría a recoger a mi nieta. En lugar de ello, quería tener una conversación sobre cómo podíamos seguir adelante con menos conflictos. Cinco minutos más tarde, me llamó. A los dos minutos de conversar, me colgó el teléfono, provocando que yo fuera a su casa.

Había una pregunta que quería hacerle: "¿Qué es lo que quieres de mí?". Había estado esperando cuatro años para darme esa respuesta, lo cual hizo con un tono muy bajo y con los dientes apretados. No estoy segura de lo que dijo, pero era claro que estaba bufando. Era un cálido día de septiembre, así que no estoy segura de por qué había una pala con nieve en su porche, pero ahí estaba, blanca y brillante, haciéndose notar para mí.

Cuando menos me di cuenta, tomé la pala en mis manos y elevé los brazos al aire. Estaba yendo tras él con un sentimiento de venganza tal que me dio miedo. Gracias a Dios tuvo el buen juicio de volver a meterse a su casa. Cuando la puerta frontal se cerró de un portazo en mi cara, escuché: *"¡No te muevas! ¡No hagas ni un solo movimiento! Eso es lo que él necesita para probar que tiene la razón. Esto destruirá tu vida"*.

Quedé petrificada. Admito que había desempeñado muchos papeles y había sido muchas cosas en mi vida, pero comportarme de forma violenta no era algo que me caracterizara. Luego, una vez más, ese día fue diferente. Sentía una necesidad, impulso y/o deseo abrumador de golpear algo. Y después de que me bufó este hombre se portaría bien. Estoy agradecida de haber tenido un fuerte anclaje espiritual que me permitió saber que podía tomar otro camino.

Dejé caer la pala, sintiéndome completamente confundida y desorientada. Cuando volvió a abrir la puerta, esa misma guía interna que me había advertido sobre el previo desastre potencial me dio la siguiente instrucción: *"¡No abras la boca! Da la media vuelta y vete"*. Obedecí. Ahora él fue tras de mí. Yo no dejé de caminar. No pude discernir todo lo que me decía hasta que me gritó: *"¡Usted mató a Gemmia, y todo mundo lo sabe, menos usted!"*.

No dije una sola palabra. No podía. Cada músculo de mi cuerpo estaba convulsionándose. Aún no estoy segura de cómo encontré mis llaves y salí de su cochera, arrojando grava en todas direcciones. Yendo a toda velocidad como un murciélago que sale del infierno por las tranquilas calles del vecindario, comencé a orar: *"¡Ten misericordia de mí, Señor! ¡Perdóname, señor! ¡Restáurame, Señor! ¡Tu gracia es todo lo que necesito! ¡Ten misericordia, Señor! ¡Perdóname, Señor!"*. De hecho, estaba perdida. Mi mente volaba tan rápido, que no reconocí dónde me encontraba y no sabía hacia dónde iba. Seguí conduciendo, llorando hasta que recibí mi siguiente instrucción: *"Recuerda a Lucy"*.

Lucy era la abuela de Gemmia, la madre de mi primer esposo. Me casé con él cuando era una madre soltera de 19 años, llena de culpa y de vergüenza. Un mes después de nuestra boda, fue enviado a Vietnam. Regresó un año después con una adicción a la heroína. Después de que nació Gemmia fue arrestado por un asunto relacionado con la casa de su madre. Huyó a Nueva York para evitar ser llevado a juicio. Tenía casi tres años de que se había ido cuando comencé a salir con mi segundo esposo.

Lucy, mi ex suegra, quería seguir teniendo contacto con mis hijos y conmigo. Yo no podía ni verla. Ella representaba mi pasado y mis

"RECUERDA A LUCY..." ELLA REPRESENTABA MI PASADO Y MIS ERRORES PASADOS.

errores del pasado. Quería cerrar por completo la puerta de ese periodo de mi vida, pero ella tenía el pie en la puerta. Ahora que estaba en una nueva relación con un hombre que me amaba y aceptaba a mis hijos, ya no tenía necesidad de ella. En lugar de tener una conversación sobre cómo ajustar nuestra relación, la evité a toda costa, para perjuicio de su corazón y de mi alma.

Cuando Lucy llamaba, yo era cortante, seca y siempre estaba ocupada. Aunque ella nunca pasaba por alto un cumpleaños, el Día de las Madres o la Navidad, yo siempre tenía excusas para no llevar a mis hijos a visitarla y para no invitarla a ella a que viniera a visitarlos. Por horrible que me resultara admitirlo, le había hecho a ella exactamente lo que yo juzgaba que el padre de mi nieta estaba haciendo conmigo no dejándome verla.

Yo representaba su pasado y su relación con Gemmia, la cual no había terminado bien. Él estaba casado con otra mujer ahora y tenía otros hijos. En mi mente, eso no tenía nada que ver con la relación que yo tenía con mi nieta. Cuando repasé en mi mente la escena de la pala una y otra vez, me di cuenta de que ahora yo me encontraba al otro lado del problema. Ahora era yo la abuela que anhelaba estar conectada con su nieta, sintiéndome lastimada, desdeñada y no respetada para lo que parecía no haber razón alguna.

De repente, sentí una enorme compasión hacia Lucy. Sentí su dolor, su tristeza y mi propia vergüenza. Apenas podía contener mi pesar mientras me daba cuenta de lo que había ocurrido y lo que estaba ocurriendo. Lo mejor que podía hacer por mí era orillarme, llorar y llamar a mi mejor amiga, Shaheerah. Sabía que podía ayudarme a sobrellevar los siguientes momentos, horas, o el tiempo que me llevara digerir y comprender lo que estaba pasando. Shaheerah entendería. Ella no me juzgaría. Tampoco me permitiría caer en ninguna forma de negación. Yo sabía lo que tenía que hacer porque sabía también que cuando te descubres haciendo a alguien más lo que te hicieron a ti, el perdón te lleva directamente a la libertad y a la paz. Y vaya que quería ser libre.

> NO EXISTE LA SEPARACIÓN... CUANDO TE DESCUBRES HACIENDO LO QUE ALGUIEN MÁS TE HIZO A TI, EL PERDÓN TE LLEVA DIRECTAMENTE A LA PAZ Y LA LIBERTAD.

Perdonarme a mí misma era la única forma en la que podía salir de la cuneta que estaba a un costado del camino y dirigirme a casa. Me perdoné por cada juicio que había lanzado contra Lucy y contra el padre de mi nieta. Me perdoné por casarme con el padre de Gemmia por miedo y por desesperación. Me perdoné por no perdonarme el haber sido una madre adolescente.

En un instante me di cuenta que no existe separación alguna. La vida es, en verdad, circular. Lo que haces realmente se te regresa. Nuestro trabajo, el verdadero trabajo duro, consiste en reconocer cuando algo grande está frente a nuestra puerta. El perdón abre nuestra mente y nuestro corazón de modo que podamos reconocer la oportunidad de curación cuando aparece. Los cuatro años de lucha con el padre de mi nieta no habían tenido nada que ver con él. Él simplemente estaba siendo él mismo, viviendo su vida de la manera que sentía era correcta para él. Quizás, un día, su lección aparecería y él experimentaría un cambio.

EL PERDÓN ABRE NUESTRA MENTE Y NUESTRO CORAZÓN DE MODO QUE PODAMOS RECONOCER LA OPORTUNIDAD DE CURACIÓN CUANDO ESTA APARECE.

Mi trabajo consistía en reconocer la verdad sobre mis propias conductas y decírmela a mí misma de modo que pudiera perdonar mi pasado y mis pensamientos, creencias, juicios y conductas actuales. Una vez que pude hacerlo, conduje a casa y me fui a dormir. No había nada más que pudiera decir o hacer. Existen algunos aspectos de la curación personal y el desarrollo espiritual que, simplemente, son exhaustivos. Perdonarte a ti mismo es uno de ellos.

Lineamientos para el proceso diario de perdón

1. **Busca un lugar tranquilo** donde nadie te interrumpa durante al menos 30 a 60 minutos. Puedes hacer este trabajo por la mañana o justo antes de irte a dormir. Yo prefiero llevar a cabo el proceso por la noche de modo que pueda procesar cualquier recuerdo que salga a la superficie.

2. **Comienza aquietando tu mente** durante al menos 5 minutos.

3. **Lee dos veces la Oración para el Perdón** que se incluye en la práctica diaria: una en silencio, y la otra, en voz alta. Escuchar la oración te alineará con el Espíritu Santo, pues es la presencia del Creador que responde a nuestra más mínima petición.

4. **Recuerda repasar la Lista de Disparadores Emocionales** que se encuentra en las páginas 19-24, la cual te preparará para cavar en lo profundo de tu conciencia. Date permiso de ser completa y absolutamente honesto contigo con respecto a ti mismo.

5. **Usando tu diario, escribe y completa cada una de las 12 Afirmaciones para el Perdón.** Cada vez que escribas una Afirmación para el Perdón, llena los espacios con tus pensamientos o recuerdos más sinceros para tener acceso a tus pensamientos y creencias más profundas.

6. **Lleva a cabo tus secuencias de *Tapping* Pro-EFT™ para el Perdón.** Repasa las instrucciones generales sobre Cómo hacer *Tapping* para el Perdón que se encuentra en las páginas 33-44, luego utilizar tus Afirmaciones para el Perdón para el tema del día y haz *tapping* en cada uno de los 10 puntos delineados en el diagrama de *tapping*. Si necesitas apoyo adicional,

puedes ver los Videos de *Tapping* [disponibles en inglés] en www.Pro-EFT.com.

7. **Procesa tus pensamientos y sentimientos de manera consciente.** A medida que avances en la práctica del Tapping para el Perdón, date permiso y tiempo para experimentar cualquier emoción o pensamiento que pueda brotar a la superficie. Registra tus reflexiones y avances en tu Diario del Perdón.

8. **Completa la práctica del día** pasando 5 a 10 minutos en reflexión silenciosa o escucha música suave de meditación.

9. ¡Asegúrate de hacer algo bueno para ti este día!

Me perdono a mí mismo por juzgarme

La Práctica para el Perdón de hoy se relaciona en su totalidad con PERDONARTE A TI MISMO. Este es, por mucho, el regalo más amoroso, honroso y afirmativo que puedes ofrecerte. Es el lugar lógico para empezar ya que el perdón de uno mismo abre el corazón y la mente a mayores posibilidades. Además, no es sino hasta que te has perdonado que tendrás el coraje y la compasión de perdonar a alguien más. No puedes dejar de ver lo que ya viste. No puedes dejar de escuchar lo que ya escuchaste. Sin embargo, lo que sí puedes hacer es dejar de desear que lo que ocurrió no hubiera ocurrido. Por esta razón, pienso que el perdón es un "laxante espiritual", ya que elimina toxinas mentales y emocionales guardadas por mucho tiempo.

Independientemente de qué tan mala, equivocada o **no merecedora** de perdón haya sido tu conducta, mereces ser y **puedes** ser perdonado. No importa lo dura, desafiante, atemoriza**nte, injusta** o difícil que pueda parecer una experiencia, el perdón **a uno mismo** es el camino para reconocer que todo es justo tal y como tiene que ser y fue tan justo como tenía que ser para que sanáramos, creciéramos y aprendiéramos. Así es como el universo funciona.

Una oración de perdón

Precioso y amado Dios, mi Fuente y mi Creador:

Hoy te pido que me abras, y yo me abro para recibir la fuerza, el coraje y la compasión requeridas para perdonarme a mí mismo. Me perdono por todos los pecados, faltas, errores y fracasos percibidos como tales. Me perdono por cada pensamiento, creencia, conducta, percepción y emoción que me he repetido a mí mismo que es mala, equivocada, injusta, no amorosa y desagradable ante Ti, Señor. Me perdono por toda herida, juicio, condenación, pensamiento falto de amabilidad o de amor, creencia y percepción que he mantenido acerca o en contra de mí. Me perdono por cualquier conducta, hábito o acción motivada por la falta de perdón o por la falta de disposición de perdonarme a mí mismo. Me perdono con compasión y con amor. Pido, acepto y afirmo el perdón de Dios. Hoy creo y sé que como he pedido, he recibido. Estoy muy agradecido.

¡Que así sea!

¡Y así es!

PERDÓN

DÍA 1
TRABAJO CON EL DIARIO

Me perdono
a mí mismo

—Perdono a mi mente por pensar—

EJEMPLO

Me perdono por pensar que siempre tengo que hacer algo más para demostrar mis capacidades frente a otras personas.

Perdono a mi mente por pensar que debo ser
_____

_____

Perdono a mi mente por pensar que no debo ser
_____

_____

Perdono a mi mente por pensar que soy
_____

_____

Perdono mi mente por pensar que no soy
_____

_____

—Me perdono por juzgar—

EJEMPLO

Me perdono a mí misma por juzgar que fui muy estúpida por haberme enamorado de los hombres que he amado.

Me perdono por juzgarme como

_____

_____

Me perdono por juzgar que no soy

_____

_____

Me perdono por juzgarme por

_____

_____

Me perdono por juzgarme por no

_____

_____

—ME PERDONO POR CREER—

EJEMPLO

Me perdono por creer que todas las cosas negativas que mi abuela decía sobre mi eran ciertas.

Me perdono por creer que soy

_____

_____

Me perdono por creer que no soy

_____

_____

Me perdono por creer que

_____

_____

Me perdono por no creer que

_____

_____

—SECUENCIA DE *TAPPING*—

Guiones extra de *tapping*

Hay tres Guiones de *Tapping* que se presentan durante la Práctica de 21 Días de Perdón, entre ellos "Me perdono a mí mismo", "Perdono a mi madre" y "Perdono mi relación con el dinero". Estos guiones extra ofrecen un vistazo fascinante sobre el íntimo proceso interno del *tapping* y sobre cómo ven las personas esta sorprendente herramienta para abordar algunos de sus problemas más desafiantes.

Recuerda, tus problemas de perdón no necesariamente van a corresponderse de manera idéntica con el diálogo que se presenta en los guiones. Sin embargo, los guiones extra te ofrecen ejemplos que puedes seguir para crear tus propios guiones personalizados, aprovechando el material que se encuentra en las Afirmaciones de Perdón que creaste al momento de hacer tu trabajo con el diario. Adaptar los guiones de modo que reflejen tu lenguaje y pongan en claro tus intenciones puede ser un sorprendente atajo para alcanzar una curación personal profunda. Recuerda, entre más específicos sean los guiones de *tapping*, mejores resultados tendrás.

GUION EXTRA DE *TAPPING*, DÍA 1: "ME PERDONO A MÍ MISMO"

Identifica el problema

El Guion Extra de *Tapping* tiene que ver con los pensamientos, juicios y creencias que mantenemos acerca de nosotros mismos por nuestras elecciones y conductas pasadas. Después de escribir tus 12 Afirmaciones de Perdón para el Día 1, el(los) problema(s) sobre el(los) que deseas trabajar se está(n) volviendo cada vez más claro(s). Dale un nombre al problema. No importa si eres nuevo en esto del *tapping* o si eres un viejo lobo de mar, asegúrate de repasar el *Tapping* para el Perdón que se encuentra en las páginas 33-44 para refrescar tu comprensión sobre cómo funciona el proceso. Luego estarás listo para hacer *tapping* para perdonarte a ti mismo.

Evalúa el nivel de intensidad

En una escala del 0 al 10, donde 0 representa "completamente libre de pensamientos perturbadores" y 10 representa "estos pensamientos están volviéndome loco", evalúa la intensidad de los pensamientos, juicios y creencias que tienes sobre el hecho de perdonarte a ti mismo, tanto por las cosas pequeñas como por las cosas tan grandes que parecen imperdonables.

Limpiar la resistencia/afirmación de reversión

La Afirmación de Reversión neutraliza cualquier resistencia subconsciente que tengas relacionada con liberar la falta de perdón hacia ti mismo. Reconoce tu resistencia y te hace avanzar de cualquier manera.

Utiliza la Afirmación de Reversión que encontrarás más abajo (o alguna que hayas escrito tú mismo) y repítela tres veces mientras haces *tapping* continuamente en el Punto Karate.

- Aunque hay una parte de mí que se resiste a que me perdone a mí mismo, y aunque yo diga que deseo hacerlo, y luego no lo hago, me acepto y me amo completa y profundamente

Afirmación de preparación

La Afirmación de Preparación te ayuda a permanecer centrado en el problema que estarás abordando durante tu sesión de *tapping*.

Utiliza la Afirmación de Preparación que a continuación te presentamos (o utiliza alguna que hayas escrito tú mismo) y repítela tres veces mientras haces *tapping* continuamente en el Punto Karate.

- A pesar de que necesito perdonarme a mí mismo, deseo perdonarme a mí mismo y tengo la oportunidad divina de perdonarme a mí mismo, aun así no creo que merezca ser perdonado. Sin embargo, me acepto y me amo completa y profundamente.

Sacude tus manos y bebe unos cuantos sorbos de agua. Haz una respiración profunda a través de la nariz. Libera la respiración lenta y suavemente por la nariz haciendo el sonido "Ahhhh" mientras lo llevas a cabo.

Secuencia de *tapping*: Rondas 1 a la 3

Para las Rondas 1 a la 3 de *Tapping*, haz *tapping* 7 veces en cada uno de los 10 puntos meridianos al tiempo que repites el Guion de *Tapping* que a continuación te presento, o crea tu propio guion utilizando como tus frases de recordatorio las entradas de la Afirmación para el Perdón a partir del trabajo que has hecho con tu diario. Utilizar tus propias Afirmaciones de Perdón mantendrá tu vista enfocada en tu intención de *tapping* a medida que se desarrollan las distintas dimensiones de tu proceso curativo.

RONDA 1

Haz *tapping* en los 7 puntos meridianos al tiempo que repites en voz alta ya sean las afirmaciones que se presentan abajo o tus frases de recordatorio.

Ceja:	Me siento culpable y avergonzado por algunas cosas que he pensado, dicho y hecho.
Costado del ojo:	Y por la manera en la que me he lastimado a mí mismo y a otras personas.
Debajo del ojo:	Me siento muy culpable por algunas cosas que he hecho y por otras que no he hecho.
Debajo de la nariz:	Me siento muy avergonzado por ciertas cosas que he dicho y hecho.
Barbilla:	Me siento muy avergonzado por cosas que he dicho y hecho o que no he dicho o hecho.
Clavícula:	En algún punto dentro de mí, siento que no he sido una persona muy agradable o una buena persona.
Debajo del brazo:	Siento como si ni siquiera fuera digno de perdonar.
Hígado:	Estoy aprendiendo a perdonar a otras personas, pero parece que no puedo perdonarme a mí mismo.
Muñecas:	Estoy cargando una gran cantidad de falta de perdón.
Coronilla:	Me siento tan mal sobre mí mismo, tan falto de perdón.

RONDA 2

Haz *tapping* en los 7 puntos meridianos al tiempo que repites en voz alta ya sean las afirmaciones que se presentan abajo o tus frases de recordatorio.

Ceja:	¿Qué tal si dejo de flagelarme?
Costado del ojo:	¿Qué tal si es momento de comenzar a dejar ir la culpa, la vergüenza y la falta de perdón?
Debajo del ojo:	¿Qué tal si reconozco que todo es una lección y que simplemente estaba haciendo lo mejor que podía?
Debajo de la nariz:	¿Qué tal si dejo ir la sensación de que no puedo perdonarme a mí mismo?
Barbilla:	¿Qué tal si tomar esa pequeña decisión inicia el proceso de perdón?
Clavícula:	¿Qué tal si me perdono mí mismo un poco cada vez de manera que me sienta seguro y cómodo?
Debajo del brazo:	¿Qué tal si libero todos los sentimientos de culpa, vergüenza y culpabilidad?
Hígado:	¿Qué tal si me doy permiso de transformar mi falta de perdón y el juicio hacia mí mismo en paz y libertad?
Muñecas:	¿Qué tal si no pasa nada?
Coronilla:	¿Qué tal si pasa algo, algo así como que me perdone a mí mismo?

RONDA 3

Haz *tapping* en los 7 puntos meridianos al tiempo que repites en voz alta ya sean las afirmaciones que se presentan abajo o tus frases de recordatorio.

Ceja:	Siento como si estuviera listo para liberar toda clase de falta de perdón hacia mí mismo.
Costado del ojo:	Siento que me estoy abriendo a la posibilidad de perdonarme a mí mismo total y completamente.
Debajo del ojo:	Siento que ya estoy siendo perdonado por todos y por todo.
Debajo de la nariz:	Este perdón es muy poderoso.
Barbilla:	Estoy haciendo *tapping* para contactar el poder del perdón en este momento.
Clavícula:	Estoy mucho más abierto y mucho mejor ahora.
Debajo del brazo:	Estoy abierto a perdonarme a mí mismo por crear o elegir experiencias que requieren que me perdone a mí mismo.
Hígado:	He aprendido mis lecciones y libero la necesidad de repetirlas.
Muñecas:	Permito a mi mente y mi corazón que experimenten total y absoluto perdón hacia mí por todo.
Coronilla:	Sé que todo ha ocurrido para mí bien más elevado y mayor. ¡Gracias! ¡Gracias! ¡Gracias!

Bebe unos cuantos sorbos de agua. Haz una respiración profunda por la nariz. Libera la respiración lenta y suavemente a través de la nariz, haciendo el sonido "Ahhhh" mientras lo llevas a cabo.

Vuelve a evaluar el nivel de intensidad

Vuelve a evaluar el nivel de intensidad sobre el hecho de no perdonarte. Si el nivel se encuentra en 8 o más arriba, repite en su totalidad la Secuencia de Tapping de 3 Rondas descrita en el Guion Extra de Tapping (o el guion que tú mismo hayas creado).

Si el nivel es inferior a 8, haz *tapping* sobre las siguientes Afirmaciones Modificadas de Preparación, y luego lleva a cabo la Secuencia de Tapping de 10 puntos que se encuentra en las 12 Afirmaciones de Perdón de tu diario.

AFIRMACIÓN MODIFICADA DE PREPARACIÓN

Utiliza la Afirmación Modificada de Preparación que presentamos abajo (o utiliza alguna que hayas escrito tú mismo) y repítela tres veces mientras haces *tapping* continuamente en el Punto Karate

- Aunque todavía tengo algunos juicios obstinados sobre mí mismo y cierta resistencia a dejarlos ir, estoy dispuesto a dejarlos ir, y me amo y me acepto completa e incondicionalmente.

Dependiendo del nivel en el que te encuentres, continúa repitiendo la secuencia descrita arriba hasta que te encuentres en un nivel de intensidad 0.

—Reflexiones—

_____

_____

_____

_____

_____

_____

_____

_____

_____

_____

He aprendido que la persona a la que tengo que pedir más perdón es a mí mismo. Debes amarte a ti mismo. Tienes que perdonarte a ti mismo todos los días… porque así es el amor.

—C. JOY BELL

Perdono a mi cuerpo

Mis pensamientos son imágenes que yo mismo he creado.

Las cosas que veo están hechas de los pensamientos que pienso.
Mis pensamientos crean imágenes.

Las imágenes que veo reflejan los pensamientos que tengo.
Soy responsable de lo que veo. Puedo entrenar a mi mente
para que sea una creadora intencional de lo que veo.

—ORACIÓN TOMADA DE *CUADERNO DE
TRABAJO DE UN CURSO DE MILAGROS*
LECCIÓN 15

—Historia de perdón, por Iyanla Vanzant

Crecí creyendo que era gorda y fea y que siempre sería gorda y fea. Era gorda porque le creí a mi abuela cuando me dijo que comía demasiado. Era fea porque le creí a mi hermano cuando dijo que yo no estaba en la fila cuando Dios repartió la buena apariencia. Para cuando me interesé en el ballet clásico, la imagen distorsionada que tenía de mi cuerpo estaba firmada, sellada y había sido lanzada a los recovecos de mi mente. En las clases de baile, donde todas las demás bailarinas tenían senos y caderas pequeñas, yo me sentía fuera de lugar. Muchas de las otras niñas preadolescentes tenían suficiente cabello como para hacer un hermoso rodete en su nuca. Yo no era tan bendecida ni tenía tanta suerte; aun así, me presenté en la clase de baile todos los días durante la secundaria y la preparatoria, creyendo que cada comentario que el maestro hacía sobre puntas, piruetas y *grand jetés* se dirigían a mí porque yo era gorda, fea y tenía el cabello corto.

Tenía 16 años la primera vez que vi una actuación de Michael Babatunde Olatunji, el maestro del tambor de Nigeria. Sus bailarinas eran robustas y flexibles, ¡y vaya que podían moverse! Por primera vez en mi vida comprendí que no necesitaba ser delgada para ser hermosa o para bailar. También reconocí que el ballet no era la única forma de danza disponible para mí, y que no necesitaba un rodete en la nuca para encajar en el mundo de la danza. Era mi primer paso hacia la aceptación de que Dios creó a los *poodles* y también creó a los San Bernardo. No todo mundo tiene que ser talla 2, y siendo talla 10, no era, ni con mucho, gorda. El problema era que yo me había visto a mí misma como gorda y fea durante tanto tiempo que me resultaba difícil imaginarme como cualquier otra cosa. ¡Gracias a Dios por los años sesenta, cuando el cabello corto entre las mujeres de color estuvo de moda y los cuerpos robustos podían ser cubiertos con un *dashiki*! La moda del poder negro de los sesenta no eliminó realmente mi problema de imagen corporal distorsionada, pero, ciertamente, me llevó al siguiente paso: la autoaceptación.

Muchas personas tienen una imagen y una creencia distorsionada de su cuerpo que se ha mantenido debido a una serie de pensamientos o creencias inconscientes y habituales. Hoy en día, a estos pensamientos se les da el nombre de "crítica corporal negativa". Estos hicieron que surgieran problemas de autoestima y de sentido de valía, particularmente entre las mujeres.

> SI CREES QUE ESTÁS GORDA O QUE NECESITAS ESTAR GORDA, TU CUERPO SE ACOMODARÁ A ESOS PENSAMIENTOS.

Existen algunas escuelas de pensamiento que promueven el concepto de que el cuerpo físico es una "manifestación" de los pensamientos y emociones que tenemos sobre quiénes somos y el lugar que ocupamos en el mundo. Otras escuelas creen que si no sigues un régimen diario de alimentación y ejercicio, el cuerpo simplemente se convertirá en un reflejo de lo que no estás haciendo. Luego, hay otra realidad. Tu cuerpo es un organismo vivo que escucha y cree cada pensamiento que piensas y cada palabra que hablas. La consecuencia de esta forma de pensar particular es que nada ocurre en el cuerpo que no ocurra primero en la mente.

Si crees que eres gorda o que necesitas ser gorda, tu cuerpo se acomodará a esos pensamientos. Si crees que estás bien tal y como estás, entonces vivirás en consecuencia, ya sea que esos pensamientos sean o no productivos, o sean un apoyo para tu salud y bienestar. El asunto aquí no es si eres talla 2 o talla 22. El problema es: ¿Qué creencia tienes sobre tu cuerpo? ¿Y con qué pensamientos te estás alimentando consciente e inconscientemente?

Las imágenes mentales determinan la manera como nos comportamos cuando nos enfrentamos a las experiencias de la vida diaria. Si pensamos que valemos la pena o que somos valorados, eso se transmitirá a otras personas y nos tratarán en consecuencia. Cuando, por el contrario, nos vemos como inferiores a, o no tan buenos como, o de alguna manera, inferiores o defectuosos por nuestra apariencia, recibiremos una reacción correspondiente por parte de aquellas personas con las que interactuamos. La imagen de uno mismo y la imagen corporal, que son moldeadas tanto por las influencias internas como externas, pueden marcar una enorme diferencia en la manera como interactuamos con el mundo.

Tenía 22 años y era madre de tres niños cuando mi hijo Damon dijo: "Mami, eres la mamá más linda del mundo". En ese momento, él tenía seis años. Lo recuerdo porque me estaba vistiendo para irme a buscar trabajo. Damon estaba sentado en la orilla de la cama observándome mientras trataba de meter bien mi blusa blanca dentro de mi falda negra. *Nadie* —pensé para mí misma— *se ve gorda o fea con una blusa blanca y una falda negra*. Se ven bien. Se ven apropiadas y adecuadas y hermosas. Se ven empleables. Y lo más importante, son hermosas.

Llevé conmigo las palabras de Damon todo el día, repitiéndolas una y otra vez como si se tratara de un mantra personal: "Soy la mamá más linda del mundo, y voy a obtener este trabajo". Cuando iba en el tren subterráneo, observé con el rabillo del ojo que alguien me observaba, y me puse a pensar: "Me están viendo porque soy bonita".

La entrevista transcurrió muy bien, aunque no obtuve el trabajo. No importó. Ese día, mi programación histórica de ser gorda y fea había sido borrada por un nuevo pensamiento. Me convertí en la mamá más linda del mundo para mi hijo, y así lo he sido desde entonces; incluso ahora, que soy talla 12 y elegí tener el cabello corto y comer todas las alitas de pollo que puedo.

¿QUÉ CREENCIA TIENES
ACERCA DE TU CUERPO?
¿CON QUÉ PENSAMIENTOS ESTÁS
ALIMENTÁNDOTE CONSCIENTE
E INCONSCIENTEMENTE?

Recordatorios diarios del proceso de perdón

Para obtener una explicación más detallada de los Lineamientos Diarios del Proceso de Perdón, véanse las páginas 55-56.

1. Busca un lugar tranquilo donde nadie te interrumpa durante al menos 30 a 60 minutos.
2. Aquieta tu mente durante al menos 5 minutos.
3. Lee la Oración de Perdón una vez en silencio y otra en voz alta.
4. Repasa la Lista de Disparadores Emocionales que se encuentra en las páginas 19-24.
5. Escribe en tu Diario del Perdón (Días 1-18) las 12 Afirmaciones de Perdón para el tema de cada día sobre pensar, juzgar y creer. Escribe tus Cartas de Perdón (Días 19-21).
6. Lleva a cabo tus Secuencias de Tapping ProEFT™ para el Perdón.
7. Procesa los pensamientos y sentimientos de manera consciente a través de las Reflexiones de Perdón de tu diario
8. Completa la práctica del día con una reflexión en silencio o con música de meditación.
9. ¡Asegúrate de hacer algo bueno por ti el día de hoy!

Me perdono a mí mismo
por juzgar mi cuerpo

La Práctica de Perdón del día de hoy consiste en perdonar las creencias e imágenes distorsionadas que pudieras tener sobre tu cuerpo. ¿La percepción que tienes de tu cuerpo está produciéndote una baja autoestima? ¿Te es difícil recibir cumplidos sobre cómo te ves? ¿Acaso tus amigos y familiares te ven de manera distinta a como te ves a ti mismo? ¿Evitas ciertas situaciones porque te sientes fuera de lugar? ¿Estás criticando y juzgando constantemente tus características físicas? ¿El tamaño de tu cuerpo? ¿La estructura de tu cuerpo?

En un momento u otro todos nos hemos comparado con otras personas que creemos tienen una mejor apariencia o están en mejor forma que la que consideramos tenemos nosotros. Una vez más, el asunto aquí no es qué tan alto o bajo seas. El asunto es eliminar los pensamientos o creencias habituales negativos y destructivos que puedas tener sobre tu cuerpo y que impacten tu autoestima, y tu sentido de valía y de valor.

En muchos casos, lo que hemos llegado a creer sobre nuestro cuerpo es en función de lo que se nos ha dicho o no se nos ha dicho.

Una oración de perdón

Amado Dios:

Hoy me abro para recibir una nueva imagen de mí mismo. Reconozco que a Tus ojos soy perfecto tal y como soy. Comprendo que si hay algo sobre mi cuerpo que elijo cambiar, Tú me has facultado para hacerlo. Tengo el poder del libre albedrío. Tengo el poder de la elección. Estoy eligiendo cambiar cómo me veo a mí mismo, cómo me hablo a mí mismo, cómo me presento a mí mismo al mundo. Estoy eligiendo verme tal y como Tú me ves. Estoy eligiendo entregar, liberar y sanar todos los pensamientos negativos, tóxicos y faltos de amor acerca de mi cuerpo y aceptarme como Tu hermosa creación. Pido que si hay algo dentro de mí que no sea agradable a Tu mirada, sea mejorado. Pido que todos los pensamientos, creencias y recuerdos habituales e inconscientes acerca de mi cuerpo se alineen con Tus pensamientos, creencias y planes para mí. Pido tener la fortaleza y el valor para llevar a cabo cualquier cambio que se requiera de modo que me acepte mí mismo, me honre a mí mismo y me ame a mí mismo tal y como Tú lo haces.

¡Así sea!

¡Y así es!

PERDÓN

DÍA 2
TRABAJO CON EL DIARIO

Perdono mi cuerpo

—PERDONO A MI MENTE POR PENSAR—

EJEMPLO

Me perdono por pensar que mi cuerpo es feo/sucio/distorsionado/inútil/demasiado grande, etcétera.

Perdono a mi mente por pensar que mi cuerpo es

_____

_____

Perdono a mi mente por pensar que mi cuerpo no es

_____

_____

Perdono a mi mente por pensar que mi cuerpo debería ser

_____

_____

Perdono a mi mente por pensar que mi cuerpo no debería ser

_____

_____

—Me perdono por juzgar—

EJEMPLO

Me perdono a mí mismo por juzgar mi cuerpo como algo vergonzante debido a que es más grande que el cuerpo de mi hermana.

Me perdono por juzgar a mi cuerpo como
_____

_____

Me perdono por juzgar a mi cuerpo como
_____

_____

Me perdono por juzgar a mi cuerpo como
_____

_____

Me perdono por juzgar a mi cuerpo como
_____

_____

—ME PERDONO POR CREER—

EJEMPLO

Me perdono por creer que mi cuerpo es gordo y feo(a).

Me perdono por creer _____

_____

Me perdono por creer _____

_____

Me perdono por creer _____

_____

Me perdono por creer _____

_____

—Secuencia de tapping—

Repasa los Lineamientos Básicos de la Secuencia de *Tapping* que se encuentran en las páginas 63-69.

1. Repasa en voz alta cada una de las 12 Afirmaciones de Perdón del día. Esto te ayudará a identificar los aspectos específicos del problema sobre el cual quieres hacer *tapping*.
2. Evalúa en una escala del 1 al 10 el nivel de intensidad de cualquier falta de perdón que tengas sobre el tema del día. Escribe el número.
3. Neutraliza toda resistencia subconsciente. Repite una Afirmación de Reversión 3 veces mientras haces *tapping* continuamente en el Punto Karate.
4. Concéntrate en el problema sobre el cual estarás haciendo *tapping*. Repite una Afirmación de Preparación 3 veces mientras haces *tapping* continuamente en el Punto Karate.
5. Haz *tapping* 7 veces en cada uno de los 10 puntos meridianos al tiempo que repites en voz alta los detalles clave de las 12 Afirmaciones de Perdón. Puedes basarte en los Guiones Extra de *Tapping*.
6. Vuelve a evaluar el nivel de intensidad sobre cualquier falta de perdón que tengas acerca del tema del día. Escribe el número. Si el nivel se encuentra en 8 o más arriba, repite toda la secuencia. Si el nivel está por debajo de 8, haz *tapping* sobre la Afirmación de Preparación Modificada, y luego lleva a cabo la Secuencia de *Tapping* de 10 puntos Afirmaciones basándote en tus 12 Afirmaciones de Perdón hasta que te encuentres en un nivel 0 de intensidad.

—Reflexiones—

Pocos sufren más que aquellos que se
rehúsan a perdonarse a sí mismos.

—**MIKE NORTON**, *FIGHTING FOR REDEMPTION*

Perdono mi vida

Tu gracia me es dada. La reclamo en este momento.

Tu gracia me es dada.
La reclamo en este momento.

"Pide y se te dará.
Tú no me niegas nada.
Si no tengo, es porque no pido".

—ORACIÓN TOMADA DE *CUADERNO DE
TRABAJO DE UN CURSO DE MILAGROS*
LECCIÓN 168

—Historia de perdón, por Iyanla Vanzant—

Lo bueno de tomar un taller es que tienes que ponerte a trabajar. Un taller verdaderamente bueno te brindará la información, las herramientas y el proceso que se requiere para abordar el problema que constituye el tema del taller. Un excelente taller es aquel que te brinda la información y las herramientas del proceso que se requiere para abordar cualquier tema, y luego te desafía a que lleves a cabo el trabajo en ese momento.

Yo asistía a un excelente taller. El tema de ese excelente taller era Aprende a Volar: Más allá de las limitaciones autoimpuestas. La Iglesia Unity que se encuentra en el centro estaba patrocinándolo. El costo era de 450 dólares por el proceso de seis días, y yo no tenía dinero.

Cuando decidí renunciar a mi puesto en la oficina de defensores públicos de Filadelfia, no tenía ni idea de lo que quería hacer con mi vida. Tenía 36 años de edad en aquel momento, y había estado trabajando constantemente desde los 13 años. Me gradué de la universidad cuando tenía 33, dejé Nueva York, mi ciudad natal, y me mudé a Pennsylvania para comenzar lo que consideré sería el resto de mi vida. Practicar el derecho penal, salvar a las personas de las trampas del sistema judicial y cambiar el mundo eran tan solo algunas de las cosas que quería hacer.

Cuando me di cuenta de que no estaba hecha para pasar el resto de mi vida yendo y viniendo de instituciones penales y juzgados, sentí como si me hubiera estrellado contra un muro muy grande y muy duro. Me encontraba en una ciudad nueva, sola después de haber terminado una relación prolongada. Tenía dos hijos y un gato que alimentar, además de un enorme préstamo estudiantil por pagar. No tenía visión, ni intereses, ni deseos, ni idea de qué hacer después para apoyar a mi familia y a mí misma.

Pero ¡espera! Tenía una licenciatura. Me consideraba bastante inteligente. De hecho, era lo suficientemente inteligente como para completar mis estudios universitarios con un GPA de 3.99. Contaba con una muy buena experiencia laboral. Había trabajado en ventas al menudeo, publicidad y derecho. También tenía experiencia en temas de beneficencia, personas sin hogar, pobreza, abuso doméstico y, mi droga preferida, la falta de autoestima.

¿Adivina qué experiencias estaban presentes en mi mente? ¿Tengo que decir más? A pesar de todo lo que había superado y logrado, me encontraba paralizada por el miedo al fracaso, por la anticipación al rechazo, por la falta de esperanza y por el tema repetitivo de mi abuela para mi vida: "Jamás lograrás nada, ¡igual que tu papá!". Cuando me topé con la publicidad del taller, sabía que era la respuesta a una oración que aún tenía que hacer.

Cuando llamé a la Iglesia para preguntar sobre el registro para el taller, no tenía ni idea de que había que pagar algo por él. Creo que simplemente imaginé que sería gratuito. Era una falsa suposición.

—Comenzamos el viernes a las seis de la tarde. Nos reuniremos de las nueve de la mañana a las nueve de la noche el sábado y el domingo nos reuniremos del mediodía hasta las nueve de la noche. Después, del siguiente lunes hasta el viernes nos reuniremos de las 6 de la tarde a las 10 de la noche y, una vez más, el siguiente sábado de las nueve de la mañana a las nueve de la noche. ¿Está interesada?

—Por supuesto.

—¡Grandioso! ¿Cómo le gustaría pagar su cuota de registro?

—Bueno, no estoy segura. ¿Cuánto cuesta?

—Cuatrocientos cincuenta dólares. Aceptamos efectivo, cheques y tarjetas de crédito.

Fue entonces que supe que ese sería un excelente taller y que necesitaba comenzar a rezar. Le dije a la amable mujer que volvería a llamarla.

No es sino hasta que estás contra la pared que descubres cosas sobre tu carácter. Yo era una luchadora. En este caso, estaba luchando por mi vida y por una manera de avanzar. Sabía que tenía muchos recursos. Había educado a tres niños con poco apoyo por parte de sus padres, y a ninguno nos faltaba ropa o comida. También sabía que tenía una tendencia muy limitante a creer que no podía tener lo que deseaba, así que ¿para qué molestarse en pedir? Con esta conciencia, cambié del modo "pelea" al modo "entrega" y comencé a orar. No recuerdo qué fue lo que pedí, pero sí recuerdo sobre qué recé. Recé para tener guía y dirección. Recé para que se me perdonara por todo lo que creía sobre mí misma y sobre mi vida que fuera falso o carente de amor o inútil. Recité las palabras del Salmo 23 porque era mi oración a prueba de fallas. Recité las palabras del Salmo 27 porque esa era la oración que utilizaba para superar los momentos de caos de mi vida. Recité el Salmo 91 porque me lo sabía de memoria, y luego lloré y dije "Señor, ayúdame". El llanto puede durar toda una noche, pero la alegría llega cuando dejas de llorar.

Llamé a la Iglesia y pedí que me comunicaran con la persona a cargo de los registros. Sin dudarlo, hice mi petición.

—Quisiera tener la oportunidad de cubrir el costo del taller en varios pagos. Cada semana recibo 265 dólares por beneficios de desempleado. Puedo pagar una parte cada semana durante las siguientes cuatro semanas hasta que cubra el total del costo.

El espacio entre nosotros estaba tan lleno de tranquilidad, que no estaba segura de que me hubiera escuchado. Cuando habló, no podía creer lo que mis oídos escuchaban.

—No tengo la autoridad para hacer ese tipo de arreglos. El total de la cuota de registro debe pagarse antes del último día de clases. Eso sería el siguiente sábado a las nueve de la noche. ¿Puede usted comprometerse a cumplir este acuerdo?

Sin pensarlo dije "Sí". En ese momento, el taller empezó para mí.

No sabía ni cómo ni de dónde podía venir el dinero. Todas las mañanas, tan pronto como ponía los pies en el piso, repetía las mismas oraciones. Iba todos los días a clase sin ponerme a pensar en cómo habría de pagar por el curso.

Durante la clase vespertina del miércoles, el facilitador me desafió con respecto a quién elegía ser. Me pidió que hiciera una afirmación de 25 palabras al universo de la vida como declaración de cómo planeaba expresarme en el mundo de ese día en adelante. Al ser la única persona de color en el salón, tenía ciertas dudas con respecto a hacer cualquier tipo de declaración con respecto a mi persona. Todos los asuntos relacionados con no ser lo suficientemente buena, o ser inferior, o menos que alguien y de no tener importancia que habían permanecido dormidos en mi conciencia se encontraban plenamente alertas y habían dejado mi boca completamente cerrada. El facilitador me preguntó si pretendía seguir siendo insuficiente, inferior, o no lo suficientemente buena en comparación con otras personas y no importante para ocultar los dones que Dios me había otorgado. Sentí como si unas ondas de horror y conmoción inundaran cada fibra de mi ser, y de repente, me desmayé. El facilitador ahora estaba gritándome:

—¡Ponte de pie! ¡Abre la boca y honra a Dios, o llévate tu mente limitada fuera de mi vista! ¿Quién eliges ser?

No supe de dónde salieron las siguientes palabras:

—Solía ser simplemente otra pobre mujer negra. A partir de hoy, elijo ser todos los días una hija de Dios.

—¡Fantástico!— dijo —esas fueron 20 palabras—. Luego continuó con la siguiente persona con un desafío diferente.

Cuando llegué a casa el jueves por la tarde, me sentí impulsada a ver la pila de sobres de correo que había en mi escritorio. Había estado evitando los sobres de colores llenos de facturas por pagar. Cuando vi un sobre café del estado de Pennsylvania, mi corazón literalmente se detuvo. Mientras cortaba metódicamente la pestaña doblada del sobre con el abrecartas, saqué lo que yo sabía era un cheque. Antes de voltearlo, recé: "Espera en el Señor y ten valor". Páguese la cantidad de… 457 dólares, beneficios retroactivos por desempleo.

Las limitaciones de mi conciencia eran ahora completamente visibles. ¿Por qué había rezado solo por lo que necesitaba en vez de pedirle a Dios que se hiciera cargo de todo?

Recordatorios diarios del proceso de perdón

Para obtener una explicación más detallada de los Lineamientos Diarios del Proceso de Perdón, véanse las páginas 55-56.

1. Busca un lugar tranquilo donde nadie te interrumpa durante al menos 30 a 60 minutos.
2. Aquieta tu mente durante al menos 5 minutos.
3. Lee la Oración de Perdón una vez en silencio y otra en voz alta.
4. Repasa la Lista de Disparadores Emocionales que se encuentra en las páginas 19-24.
5. Escribe en tu Diario del Perdón (Días 1-18) las 12 Afirmaciones de Perdón para el tema de cada día sobre pensar, juzgar y creer. Escribe tus Cartas de Perdón (Días 19-21).
6. Lleva a cabo tus Secuencias de Tapping ProEFT™ para el Perdón.
7. Procesa los pensamientos y sentimientos de manera consciente a través de las Reflexiones de Perdón de tu diario.
8. Completa la práctica del día con una reflexión en silencio o con música de meditación.
9. ¡Asegúrate de hacer algo bueno por ti el día de hoy!

Me perdono por juzgar mi vida

La Práctica de Perdón del día de hoy se relaciona con perdonar los juicios y limitaciones que puedas tener sobre tu vida. La vida es una serie de posibilidades y oportunidades de desarrollo que se encienden según las decisiones que tomemos momento a momento. Cuando la conciencia se llena con juicios y miedos sobre lo que no ha ocurrido en respuesta a lo que ya ocurrió, limitamos el mayor bien que la vida tiene para nosotros. No importa cuántas veces ni durante cuánto tiempo has deseado, esperado y orado por algo, el hecho de que no haya ocurrido no significa que no ocurrirá. La vida sigue la energía de nuestra fe y de aquello en lo que nos concentremos. Si pones tu fe en lo que no ha ocurrido, podría no ocurrir o no ocurrirá, la vida te dará más de eso y lo pondrá frente a tu puerta: no ocurrirá.

Otra trampa con la que nos enfrentamos los humanos es ver las circunstancias y las situaciones de nuestra vida en cualquier momento y considerar que eso es lo único posible. Recuerda, en mi mente yo pensaba que era simplemente otra pobre mujer negra. Con una licenciatura, con un título de leyes, y más de 20 años de experiencia laboral, no podía ver más allá de la experiencia del desempleo. Al hacer referencia a mis experiencias históricas de haber sido pobre y no haber tenido un hogar y no haberme sentido apoyada, estaba prediciendo un futuro que reflejaría mi pasado.

La vida es mucho más grande de lo que podemos imaginar y, sin embargo, debemos darnos permiso para imaginarla si queremos experimentarla. Perdonarnos a nosotros mismos por los juicios que hemos tenido sobre lo que hicimos, lo que no hicimos, lo que debimos haber tenido, o lo que no debió haber ocurrido en nuestras experiencias de vida abre un espacio mental y emocional para elegir nuevas posibilidades. Una de mis afirmaciones favoritas de *Un curso de milagros* es: "Todas las cosas son lecciones que Dios desea que aprendamos". Una de las recompensas del perdón es que nos lleva a ser los primeros de la clase con el fin de que aprendamos y reconozcamos las lecciones y fortalezas que hemos aprendido y desarrollado a partir de todas nuestras experiencias.

> LA VIDA SIGUE LA ENERGÍA DE NUESTRA FE Y DE AQUELLO EN LO QUE NOS CONCENTREMOS. SI PONES TU FE EN LO QUE NO HA OCURRIDO, PODRÍA NO OCURRIR O NO OCURRIRÁ, LA VIDA TE DARÁ MÁS DE ESO Y LO PONDRÁ FRENTE A TU PUERTA: NO OCURRIRÁ.

Una oración de perdón

Amado y hermoso Dios del universo:

Te pido en este momento que desates los nudos que han invadido mi mente, mi corazón y mi vida. Te pido que deshagas todos aquellos pensamientos sobre lo que no tengo, lo que no puedo hacer y lo que no hago que están ocupando un espacio en mi mente. Te pido que borres los nudos de pensamientos de aquello que no ocurrirá, que no puede ocurrir y de aquello que quizás no ocurra y que invaden mi corazón. Te pido ahora que me liberes de los pensamientos de que no puedo hacer algo, de que no voy hacer algo o que no debería hacer algo, los cuales limitan mi capacidad de recibir más cosas buenas de las que hasta ahora he conocido.

Por encima de todo, Señor, te pido que desintegres y elimines de mi mente, mi corazón y mi vida todos los pensamientos sobre lo que no soy que he permitido me alejen de las posibilidades eternas que tienes preparadas para mí. Hoy, amado Dios Padre, vengo a Ti humildemente pidiéndote que deshagas, elimines y borres todos los "no" que he elegido albergar, en lugar de recordar todo lo que Tú me has prometido.

Te pido que recibas estas palabras en la presencia del Espíritu Santo y que se manifiesten en mi vida.

¡Que así sea!
¡Y así es!
—EXTRACTO DE *TODOS LOS DÍAS REZO*

PERDÓN

DÍA 3
TRABAJO CON EL DIARIO

Perdono mi vida

—PERDONO A MI MENTE POR PENSAR—

EJEMPLO

Perdono a mi mente por tener pensamientos improductivos sobre mi vida.

Perdono a mi mente por pensar que mi vida es

_____

_____

Perdono a mi mente por pensar que mi vida no es

_____

_____

Perdono a mi mente por pensar que mi vida debería ser

_____

_____

Perdono a mi mente por pensar que mi vida no debería ser

_____

_____

—ME PERDONO POR JUZGAR—

EJEMPLO

Me perdono por juzgar mi vida como algo inútil y sin esperanza tal y como es en este momento.

Me perdono por juzgar mi vida como
_____

_____

Me perdono por juzgar mi vida como
_____

_____

Me perdono por juzgar mi vida como
_____

_____

Me perdono por juzgar mi vida como
_____

_____

—ME PERDONO POR CREER—

EJEMPLO

Me perdono por creer que mi vida es un desastre.

Me perdono por creer que mi vida es/no es

_____

_____

Me perdono por creer que mi vida debería/no debería ser

_____

_____

Me perdono por creer que mi vida jamás será

_____

_____

Me perdono por creer que mi vida siempre será

_____

_____

—Secuencia de Tapping—

Repasa los Lineamientos Básicos de la Secuencia de *Tapping* que se encuentran en las páginas 63-69.

1. Repasa en voz alta cada una de las 12 Afirmaciones de Perdón del día. Esto te ayudará a identificar los aspectos específicos del problema sobre el cual quieres hacer *tapping*.

2. Evalúa en una escala del 1 al 10 el nivel de intensidad de cualquier falta de perdón que tengas sobre el tema del día. Escribe el número.

3. Neutraliza toda resistencia subconsciente. Repite una Afirmación de Reversión 3 veces mientras haces *tapping* continuamente en el Punto Karate.

4. Concéntrate en el problema sobre el cual estarás haciendo *tapping*. Repite una Afirmación de Preparación 3 veces mientras haces *tapping* continuamente en el Punto Karate.

5. Haz *tapping* 7 veces en cada uno de los 10 puntos meridianos al tiempo que repites en voz alta los detalles clave de las 12 Afirmaciones de Perdón. Puedes basarte en los Guiones Extra de *Tapping*.

6. Vuelve a evaluar el nivel de intensidad sobre cualquier falta de perdón que tengas acerca del tema del día. Escribe el número. Si el nivel se encuentra en 8 o más arriba, repite toda la secuencia. Si el nivel está por debajo de 8, haz *tapping* sobre la Afirmación de Preparación Modificada, y luego lleva a cabo la Secuencia de Tapping de 10 puntos Afirmaciones basándote en tus 12 Afirmaciones de Perdón hasta que te encuentres en un nivel 0 de intensidad.

—REFLEXIONES—

_____

_____

_____

_____

_____

_____

_____

_____

_____

_____

El perdón no borra el pasado amargo. Una memoria sanada no es una memoria borrada. Por el contrario, perdonar lo que no podemos olvidar crea una nueva forma de recordar. Cambiamos la memoria de nuestro pasado por una esperanza hacia el futuro.

—LEWIS B. SMEDES

Perdono a mi madre

No sé para qué son las cosas.

Todo es para mi mayor bien. Dios no creó opuestos, nada que ataque, nada que pudiera lastimar, obstruir o empañar la presencia del amor. Si veo algo que está bloqueando mi conciencia del amor, se trata de la imagen de una falsa idea que yo he creado y solo el perdón la disolverá.

—ORACIÓN TOMADA DE *CUADERNO DE TRABAJO DE UN CURSO DE MILAGROS* LECCIÓN 25

—Historia de perdón, por Iyanla Vanzant—

No conocí a mi madre. Ojalá la hubiera conocido, pero cuando falleció, yo tenía dos años y medio, y los adultos que estaban a cargo de mí pensaron que era mejor no decirme nada. Tenía 30 años cuando descubrí que la mujer con la que crecí creyendo que era mi madre, era, de hecho, mi madrastra. Ella se había casado con mi padre tres años antes de que yo naciera.

Mi mamá era "la otra" en la vida de mi padre. Yo amaba profundamente a mi madrastra, pero ella no podía llenar el vacío que dejó en mi alma la partida de mi madre. Una vez que supe la verdad, tuvieron sentido las distintas piezas y partes de mi vida.

Durante mi crecimiento siempre me sorprendió la relación entre mis amigos y sus madres. Al haber vivido con mi tía como niña en acogida, siempre anhelé que "mi madre" estuviera ahí e hiciera las cosas que yo veía que mis amigos hacían con sus mamás. De hecho, recuerdo haber estado bastante alterada, algunas veces enojada, cuando mis amigos hablaban mal de sus madres. Las típicas peleas entre madre e hija adoptaban un significado totalmente diferente en mi corazón y en mi mente. En lo profundo de mí, sin palabras ni sonidos, yo sabía que tener a tu madre en tu vida era una bendición. Mi tía hizo lo mejor que pudo durante tanto tiempo como pudo hacerlo, pero yo no era su hija. Cuando mi padre y mi madrastra nos enviaron a mi hermano y a mí a vivir con ella, fue como un doble revés. Mi madre, que en realidad no era mi madre, se había ido, agravando el anhelo silencioso que tenía de tener a mi madre de nacimiento, a quien apenas había conocido y no recordaba. ¡Oh, Señor! ¡Qué lío tan grande!

Yo siempre solía decir que no era una buena madre. Era una gran proveedora y una disciplinaria rigurosa, cosas que hacían de mí una madre horrible. Puedo decir eso de mí ahora porque he aprendido el verdadero papel y función de una madre en la vida de un hijo. De hecho, mi nombre, *Iyanla*, significa *gran madre*. Es más que un nombre. En las culturas de muchas villas de África Occidental, la *Iyanla* es la mujer más anciana de la villa que tiene la responsabilidad de proporcionar el bienestar espiritual de la comunidad. Como tal, cumplir con los deberes que conlleva el título es algo con lo que había crecido y que había aprendido a través de mucha oración y mucho estudio. Como función en la vida, "gran madre" no es, estoy segura, lo que mis hijos experimentaron, ni tampoco era lo que necesitaban o esperaban de su mamá.

Una madre es la primera maestra de un niño. La relación con su hijo comienza cuando está en el vientre. La manera como una mujer piensa, por lo que se preocupa y con lo que alimenta su propio ser mental, emocional, física y espiritualmente envía poderosos e importantes mensajes a la estructura de sus hijos. Cuando una madre piensa envía impulsos a la mente de sus hijos. Lo que ella dice envía energía vibracional al corazón de sus hijos. Lo que ella hace y la forma como lo hace crea las expectativas que sus hijos tendrán para sí mismos y dentro de sí mismos. La profundidad del involucramiento de una madre con sus hijos y la relación que tenga con ellos es única y distinta debido al fuerte lazo emocional y físico que se ha formado. La manera como ella se relaciona y si ella se relaciona o no con sus hijos, les enseña a estos lo que pueden esperar de las relaciones más importantes que tendrán en la vida.

En una ocasión leí una fábula que me dejó muy en claro que mi propósito como madre iba más allá de la provisión y la disciplina:

Un día, en un supermercado muy concurrido, una madre chocó con un extraño cuando trataba de pasar. —¡Oh! Por favor, discúlpeme. No estaba prestando atención y no lo vi—. El extraño dijo: —Por favor, discúlpeme usted también, pues soy tan culpable como usted por no haber prestado atención—. Ambos, el extraño y la madre, fueron muy amables y se rieron mientras caminaba cada uno en su propia dirección.

Más tarde, ese día por la noche la madre estaba en casa preparando la cena para su familia. Su hijo entró a la cocina, pero su madre no lo vio y se quedó parado junto a ella. Cuando dio la vuelta, casi se tropieza con él y lo tira al piso. —¡Quítate de aquí!— le gritó la mujer —Estoy ocupada en este momento. Déjame en paz.— Con el corazón roto, el niño se alejó y se fue a su habitación, donde lloró. La ocupada madre no se había dado cuenta de lo duro que le había hablado. Tampoco reconoció el regalo que había tenido en sus manos.

Posteriormente, esa noche, la madre estaba despierta recostada en su cama repasando en su mente los acontecimientos del día. Cuando cerró los ojos para murmurar su oración nocturna, una pequeña voz susurró en sus oídos: "Mientras trataste con un extraño fuiste amable y cortés; sin embargo, cuando se trató de tu hijo al que dices que amas, escogiste la impaciencia y la dureza. Regresa a la cocina. Ve lo que hay en la esquina, junto a la puerta. Ahí encontrarás las flores que tu hijo recogió para ti. Él estaba parado en silencio en la cocina esperando sorprenderte. Lo que le ofreciste a aquel extraño es lo mínimo que tu hijo merece de ti, su madre". La madre se levantó de inmediato de la cama. Haciendo a un lado el cobertor, hizo lo que se le había instruido. Y por supuesto, encontró las flores.

Se puso a llorar. En silencio fue y se arrodilló al lado de la cama de su hijo, no queriendo molestarlo. Y ahí ella elevó una oración: "Señor, por favor, perdóname por la forma en la que traté a nuestro hijo. Confieso que le grité y le causé dolor. Confieso que permití que lo que tenía que hacer fuera más importante que ser la madre que Tú me creaste para ser. Por favor, Señor, perdóname y enséñame a amar a mis hijos tal y como Tú lo haces".

Los niños necesitan el amor, la aceptación y el cuidado de una madre, especialmente cuando menos lo merecen. Una madre debe estar consciente de que si fuera a morir mañana, los hijos a los que deja detrás experimentarán la pérdida de su presencia por el resto de su vida. No es poco común que una madre no llegue a comprender por completo la importancia de su papel. No obstante, es esencial que reconozca estas fallas y esté dispuesta a resarcir su conducta frente a sí misma, frente a Dios, y frente a sus hijos. No hace falta decir que antes de que una mujer se convierta en madre, es una mujer con patrones y patologías que deben sanarse; con necesidades y deseos que deben satisfacerse; con lecciones que aprender y un propósito de vida que cumplir. Lo que he aprendido sobre el hecho de ser una mujer con un propósito y una madre por designio divino es que la única forma de experimentar paz, alegría y satisfacción como esposa y como madre consiste en crear y mantener una relación íntima con Dios. Cuando eso no estaba ocurriendo, quedé a la deriva solo con mis propias herramientas. Simplemente, pregúntenles a mis hijos.

Recordatorios diarios del proceso de perdón

Para obtener una explicación más detallada de los Lineamientos Diarios del Proceso de Perdón, véanse las páginas 55-56.

1. Busca un lugar tranquilo donde nadie te interrumpa durante al menos 30 a 60 minutos.
2. Aquieta tu mente durante al menos 5 minutos.
3. Lee la Oración de Perdón una vez en silencio y otra en voz alta.
4. Repasa la Lista de Disparadores Emocionales que se encuentra en las páginas 19-24.
5. Escribe en tu Diario del Perdón (Días 1-18) las 12 Afirmaciones de Perdón para el tema de cada día sobre pensar, juzgar y creer. Escribe tus Cartas de Perdón (Días 19-21).
6. Lleva a cabo tus Secuencias de *Tapping* ProEFT™ para el Perdón.
7. Procesa los pensamientos y sentimientos de manera consciente a través de las Reflexiones de Perdón de tu diario
8. Completa la práctica del día con una reflexión en silencio o con música de meditación.
9. ¡Asegúrate de hacer algo bueno por ti el día de hoy!

Me perdono por juzgar a mi madre

La Práctica de Perdón del día de hoy tiene que ver con perdonar los juicios y las heridas que pueden estar enterrados en tu conciencia y que están grabados con el nombre de tu madre. Estarás perdonando todos los pensamientos, creencias, memorias y experiencias que quizás hayas juzgado como equivocadas, injustas, desagradables o carentes de amor. Eso no significa que lo que experimentaste con tu madre esté equivocado o que su conducta fuera correcta o apropiada. El proceso del perdón está diseñado para neutralizar lo que está ocurriendo dentro de ti con el fin de poder crear un espacio para que se desarrolle otra posibilidad.

Independientemente de la opinión que tengas de ella en tu conciencia, tu madre representa el latido mismo de tu corazón, porque su latido fue el primer sonido que escuchaste. Perdonar a tu madre abre y sana tu corazón.

Asegúrate de volver a leer las páginas 25-32 para tener una mayor claridad sobre cómo tus pensamientos y tus juicios pueden convertirse en los sentimientos que puedes tener acerca de tu madre.

> TU MADRE REPRESENTA EL LATIDO MISMO DE TU CORAZÓN

Una oración de perdón

Bendito Dios Padre, santísima Dios Madre:

Este día pido y me permito recibir y experimentar Tu gracia. Hoy reclamo mi libertad al tiempo que declaro mi disposición y mi presteza para liberar a mi madre de todo mi enojo, mi dolor, mi juicio, mi decepción y mi tristeza oculta en cualquier parte de mi conciencia o de mi ser. Yo entrego todo recuerdo, experiencia, circunstancia y situación donde he juzgado que mi madre ha sido culpable o ha cometido alguna falta. Pido ser elevado por encima de todos los juicios, críticas, valoraciones, percepciones, creencias y patrones habituales de pensamiento en los que veo y considero a mi madre como algo menos que Tu hija perfecta. Te pido que me llenes con Tu compasión, con Tu verdad, con Tu conocimiento, que me permita ver a mi madre como Tu hija a la que amas y en quien encuentras complacencia. Elévame por encima de mi intelecto y ego de modo que pueda contemplar a mi madre con todo mi corazón tal y como tú lo haces.

Descanso en Ti.
¡Que así sea!
¡Y así es!

PERDÓN

DÍA 4
TRABAJO CON EL DIARIO

Perdono a
mi madre

—PERDONO A MI MENTE POR PENSAR—

EJEMPLO

Perdono a mi mente por pensar que mi madre fue más amorosa con mi hermana/hermano en comparación a como lo fue conmigo.

Perdono a mi mente por pensar que mi madre fue
_____
_____

Perdono a mi mente por pensar mi madre no fue
_____
_____

Perdono a mi mente por pensar que mi madre debió
_____
_____

Perdono a mi mente por pensar que mi madre no debió
_____
_____

—ME PERDONO POR JUZGAR—

EJEMPLO

Me perdono por juzgar a mi madre por divorciarse de mi padre.

Me perdono por juzgar a mi madre por

_____

Me perdono por juzgar a mi madre por no

_____

Me perdono por juzgar a mi madre sobre

_____

Me perdono por juzgar a mi madre cuando

_____

—ME PERDONO POR CREER—

EJEMPLO

Me perdono por creer que mi madre me hizo sentir estúpido.

Me perdono por creer que mi madre me hizo sentir

_____

Me perdono por creer que mi madre no me hizo sentir

_____

Me perdono por creer que mi madre no debió hacerme sentir

_____

Me perdono por creer que mi madre debió hacerme sentir

_____

—Secuencia de tapping—

GUIÓN EXTRA DE *TAPPING* DIA 4: "PERDONO A MI MADRE"

Identifica el problema y evalúa el nivel de intensidad

Después de escribir tus 12 Afirmaciones de Perdón para el Día 4, el asunto específico de perdón hacia tu madre sobre el que deseas trabajar se está volviendo cada vez más claro. Nombra el problema. Ahora, en una escala del 0 al 10, donde 0 representa "completamente libre de pensamientos perturbadores" y 10 representa "estos pensamientos me están volviendo loco", evalúa la intensidad de los pensamientos, juicios y creencias que tienes sobre la "falta de perdón" hacia tu madre.

Limpiar la resistencia/afirmación de reversión

La Afirmación de Reversión neutraliza cualquier resistencia subconsciente que tengas relacionada con liberar la falta de perdón hacia tu madre. Reconoce tu resistencia te hace avanzar de cualquier manera.

Utiliza la Afirmación de Reversión que encontrarás más abajo (o alguna que hayas escrito tú mismo) y repítela tres veces mientras haces *tapping* continuamente en el Punto Karate.

* Aunque hay una parte de mí que se resiste a perdonar a mi madre, y nadie pueda hacerme cambiar de opinión, me acepto y me amo completa y profundamente.

Sacude las manos y toma unos cuantos sorbos de agua. Haz una respiración profunda a través de la nariz. Suelta la respiración lenta y suavemente por la boca, haciendo el sonido "Ahhhhhh".

Afirmación de preparación

La Afirmación de Preparación te ayuda a permanecer centrado en el problema que estarás abordando durante tu sesión de *tapping*. Elige una de las Afirmaciones de Preparación que a continuación te presentamos (o utiliza alguna que hayas escrito tú mismo) y repítela tres veces mientras haces *tapping* continuamente en el Punto Karate.

- Aunque tengo todo este resentimiento hacia mi madre reprimido, tengo el derecho de estar enojado por la forma en la que me trató. Me niego a dejarlo ir, porque es mi enojo, mi resentimiento, mi amargura y aun así me amo y respeto mis sentimientos.
- Aunque hay una parte de mí que cree que mi madre no tiene el derecho de esperar mi perdón, algunas veces deseo eximirla de la responsabilidad por algunas de las cosas terribles que ha hecho, pero no puedo. Sin embargo, aun así me amo y me acepto profunda y completamente.
- Aunque el hecho de no otorgar mi perdón me mantiene atrapado en el enojo hacia mi madre, hay una parte de mí que no quiere dejarlo ir. De cualquier forma, deseo amarme y aceptarme.

Sacude las manos y toma unos sorbos de agua. Haz una respiración profunda a través de la nariz. Suelta la respiración lenta y suavemente por la boca, haciendo el sonido "Ahhhhhh".

Secuencia de *tapping*: rondas 1 a la 3

Para las Rondas de *Tapping* de la 1 a la 3, haz *tapping* 7 veces en cada uno de los 10 puntos meridianos al tiempo que repites el Guion de *Tapping* que sigue, o crea tu propio guion utilizando como frases de recordatorio las entradas de Afirmación para el Perdón del trabajo que has hecho con tu diario. Utilizar tus propias Afirmaciones de Perdón mantendrá tu vista enfocada en tu intención de *tapping* a medida que se desarrollan las distintas dimensiones de tu proceso curativo.

RONDA 1

Haz *tapping* en los 7 puntos meridianos al tiempo que repites en voz alta ya sean las afirmaciones que se presentan abajo o tus frases de recordatorio.

Ceja:	Me siento muy, pero muy enojado con mi madre.
Costado del ojo:	Me siento muy, pero muy disgustado con mi madre.
Debajo del ojo:	Siento una gran amargura por algunas de las cosas que mi madre ha hecho y no ha hecho.
Debajo de la nariz:	Tengo un resentimiento absoluto hacia las cosas que mi madre dijo y no dijo.
Barbilla:	Me siento muy, pero muy agotado por mi madre.
Clavícula:	Me siento enojado, amargado, resentido y dañado por mi madre.
Debajo del brazo:	Siento que ella no merece mi perdón.
Hígado:	Aun si merece ser perdonada, no tiene que venir de mí.
Muñecas:	Comprendo que llevo cargando una montaña de resentimiento.
Coronilla:	Estoy tan profundamente enojado con ella que no tengo otra opción.

RONDA 2

Haz *tapping* en los 7 puntos meridianos al tiempo que repites en voz alta ya sean las afirmaciones que se presentan abajo o tus frases de recordatorio.

Ceja:	Sigo culpando a mi madre por el pasado.
Costado del ojo:	No voy a dejar que se salga con la suya por el daño que me hizo.
Debajo del ojo:	¿Qué tal si perdonar a mi madre eliminara el dolor y las heridas de mi vida?
Debajo de la nariz:	¿Qué tal si abriera mi corazón para liberar un poco de esta rabia?
Barbilla:	¿Qué tal si reconozco que mi madre hizo lo mejor que pudo?
Clavícula:	No lo creo, ella no hizo lo mejor que pudo en mi vida.
Debajo del brazo:	¿Qué tal si tan solo elijo perdonar a mi madre, tal y como podría perdonar a cualquier otra persona?
Hígado:	¿Qué tal si lo que hizo era lo mejor que pudo en aquel momento?
Muñecas:	¿Qué tal si perdonar a mi madre, mostrar hacia ella algo de compasión, me lleva a un estado de paz y libertad, alegría y felicidad?
Coronilla:	¿Qué tal si la perdono y no ocurre nada? ¿Si nada cambia?

RONDA 3

Haz *tapping* en los 7 puntos meridianos al tiempo que repites en voz alta ya sean las afirmaciones que se presentan abajo o tus frases de recordatorio.

Ceja:	Perdonar a mi madre no significa que no tengo derecho a sentir lo que siento.
Costado del ojo:	¿Qué tal si perdonar a mi madre abre mi corazón a más amor, más alegría, más de todo lo que deseo?
Debajo del ojo:	¿Qué tal si perdonar a mi madre es el sendero que me lleva a lo que realmente quiero?
Debajo de la nariz:	¿Qué tal si perdonar a mi madre también significa perdonarme a mí mismo?
Barbilla:	Es una trampa. No voy a perdonarla.
Clavícula:	Bueno, estoy dispuesto a perdonarme a mí mismo, y quizás la perdonaré a ella.
Debajo del brazo:	De hecho, el simple hecho de sentirme mejor hace que valga la pena perdonarla.
Hígado:	Quizás puedo encontrar alguna otra razón para perdonarla.
Muñecas:	Al menos estoy dispuesto a considerar el hecho de perdonar a mi madre.
Coronilla:	Mejor aún, elijo perdonar a mi madre si es una buena decisión que puedo tomar para mi beneficio.

Bebe unos cuantos sorbos de agua. Haz una respiración profunda a través de la nariz. Libera la respiración lenta y suavemente a través de la nariz, haciendo el sonido "Ahhhh".

Vuelve a evaluar el nivel de intensidad

Vuelve a evaluar el nivel de intensidad sobre el hecho de no perdonar a tu madre. Si el nivel se encuentra en 8 o más arriba, repite en su totalidad la Secuencia de *Tapping* de 3 Rondas descrita en el Guion Extra de *Tapping* (o el guion que tú mismo hayas creado).

Si el nivel es inferior a 8, haz *tapping* sobre las siguientes Afirmaciones Modificadas de Preparación, y luego lleva a cabo la Secuencia de *Tapping* de 10 puntos que se encuentran en las 12 Afirmaciones de Perdón de tu diario.

AFIRMACIÓN MODIFICADA DE PREPARACIÓN

Utiliza la Afirmación Modificada de Preparación que presentamos abajo (o utiliza alguna que hayas escrito tú mismo) y repítela tres veces mientras haces *tapping* continuamente en el Punto Karate

- Aunque todavía tengo algunos juicios recalcitrantes sobre mí mismo y cierta resistencia a dejarlos ir, estoy dispuesto a dejarlos ir, y yo me amo y me acepto completa e incondicionalmente.

Después de completar la Secuencia de *Tapping* sobre tus Afirmaciones de Perdón, vuelve a evaluar el nivel de intensidad con respecto al hecho de tener resentimientos hacia tu madre.

Dependiendo del nivel en el que te encuentres, continúa repitiendo la secuencia descrita arriba hasta que te encuentres en un nivel de intensidad 0.

—REFLEXIONES—

_____

_____

_____

_____

_____

_____

_____

_____

_____

_____

Jamás olvides los tres poderosos recursos que siempre
tienes a tu disposición: el amor, la oración y el perdón.

—H. JACKSON BROWN, JR.

Perdono a mi padre

Sentirse agraviado es un ataque al plan de Dios.

Me perdono a mí mismo. Perdono a mi mente.
Solo perdonando mis falsas ideas y creencias sobre los demás y
sobre mí mismo es que mi mente puede reconocer la verdad de que
sigo estando en la presencia del Amor, a salvo, sano e íntegro.

—ORACIÓN TOMADA DE CUADERNO DE
TRABAJO DE *UN CURSO DE MILAGROS,*
LECCIÓN 72

— Historia de un Amigo del Perdón, por la Rev. Candas Ifama Barnes—

Por alguna razón que aún no me queda clara, cuando era una niña pequeña me sentía aterrorizada en presencia de mi padre. Como hombre negro nacido a mitad de la depresión de la década de 1920 en el sur segregado, mi padre era un cúmulo de contradicciones. Sus opiniones parecían mantenerlo atrapado y limitado; sin embargo, tenía una visión amplia del mundo. Todos los días leía *The Washington Post* y citaba a Aristóteles. Tenía una fuerte afinidad hacia la familia. Todos los días iba a casa de mi tía, su hermana mayor, a visitarla y para asegurarse de que tuviera lo necesario. Tenía opiniones muy particulares sobre cómo deberían ser las cosas o sobre cómo debería comportarse la gente. Cuando las cosas no salían como él quería, todos pagábamos el precio. Cuando yo no cumplía con sus estándares o seguía su consejo, simplemente no me hablaba. Eso podía durar días enteros.

Mi padre no conoció a su papá. Siempre lamentaba que su padre se hubiera ido de su vida cuando él era muy chico. Nadie le enseñó cómo es y qué hace un padre. Él venía de una época en la que se esperaba que el hombre fuera el proveedor. Eso lo hacía bien. Siempre teníamos mucha comida, buena ropa, y una casa hermosa. Sin embargo, al mismo tiempo, era frugal, casi tacaño, no solo con el dinero sino también con su corazón. Aun así, cuando yo necesitaba ayuda, él me la proporcionaba siempre. Simplemente no tenía idea de cómo expresar su afecto. De hecho, recuerdo haberle dicho a mi madre cuando era muy pequeña que no me agradaba mi padre.

Para cuando comencé a ir a la escuela, todo cambió. Mi padre me llevaba a la biblioteca pública. Me hacía muy feliz el estar con él y recoger mis libros.

Durante mucho tiempo solo pude pedir prestado un número limitado de libros porque tenía una credencial bibliotecaria para niños. Cuando cumplí 10 años, mi padre se aseguró de que yo obtuviera una credencial bibliotecaria para adultos, lo cual significaba que podía sacar tantos libros como yo quisiera, y siempre me ayudaba a cargar mis libros de regreso a casa. Algunas veces nos deteníamos en el camino para comprar un helado. Esos días, esas caminatas eran el paraíso para mí porque me había convertido en la princesa de mi papá.

Debí estar en tercero o cuarto grado cuando tuve que aprender las tablas de multiplicar. Mi padre me ponía a practicar todos los días, y comencé a odiarlo por eso. Sin embargo, antes de que el año terminara me sabía todas las tablas de multiplicar del 1 al 12 gracias a su constante entrenamiento.

Cuando tenía 15 años, mi mamá se puso muy enferma. En ocasiones, mi padre no se portaba bien durante su enfermedad. Recuerdo cómo le gritaba y le armaba un escándalo sin razón alguna para mí. Solo vi llorar a mi madre dos veces en la vida, y una de esas veces fue después de que mi padre le armó el alboroto. Un día, cuando aún ella estaba en el hospital, llamé a su habitación porque necesitaba que me diera cierta información. No respondió al teléfono. Cuando llegué a casa de la escuela esa tarde, pregunté a mi padre si había hablado con ella. Como si estuviera reportando el clima a un salón lleno de extraños, me dijo que la habían trasladado a la unidad de terapia intensiva porque había tenido un ataque cardíaco. Más tarde descubrí que él sabía de su condición desde la mañana, pero no me había dicho nada. También descubrí que sabía que mi madre estaba muriendo de cáncer y jamás dijo una sola palabra.

Esa noche, después de la cena, mi padre me llevó al hospital a visitar a mi mamá. Cuando salí del auto para subir las escaleras, él se quedó en el auto con mi sobrina, quien era muy pequeña como para que le permitieran entrar a una visita. Cuando llegué a la habitación de mi madre, estaba en medio de una crisis. El personal médico estaba tratando de revivirla. Yo estuve ahí durante un rato sintiéndome confundida, sola y totalmente indefensa. Regresé corriendo al coche para informar a mi padre que no había podido ver a mi mamá debido a lo que estaba pasando. No dijo nada. Condujo a casa en silencio. Poco tiempo después de que llegamos a casa, recibimos una llamada del hospital. Mi padre me dijo: "Tu madre murió". Luego se puso su abrigo y su sombrero, y se fue. Yo me encontraba en casa, sola. Era Halloween. Estaba furiosa con mi madre por haberse muerto, pero todavía más enojada por haberme dejado con mi padre, quien no podía compartir sus sentimientos conmigo.

Después de la muerte de mi madre, estuve viajando de un lado a otro durante el año y medio siguiente, yendo y viniendo entre la casa donde pasé mi niñez y la casa de mi tía. Mi padre era ministro. Había sido asignado a una iglesia en Filadelfia, lo cual lo mantenía lejos de casa durante cuatro o cinco días a la semana. Cuando él estaba fuera yo me quedaba con mi tía. Cuando regresaba, insistía en que fuera con él a casa. Se negaba a darme permiso de tener un hogar estable con mi tía. Quizás pensaba que no se vería bien y que eso sería como eludir sus obligaciones como único progenitor sobreviviente. Al ya no estar mi madre me quedó muy claro que no podía contar ni contaría con mi padre.

Él no me había protegido cuando me molestaban cuando era chica. No estuvo ahí durante esos momentos cruciales después de la muerte de mi madre. Jamás volví a sentir que yo fuera una prioridad en su vida. Me sentía como un accesorio, como un elemento en su cuadro de una familia perfecta. Cuando mi padre era asignado a iglesias fuera de la ciudad, simplemente no sabía de él. En su ausencia yo me sentía sumamente sola. Cuando él estaba, sentía como una carga.

En los años posteriores en que mi padre tuvo un derrame cerebral, albergué una gran cantidad de enojo y resentimiento por lo que él había sido y por lo que no había sido; por lo que había hecho y por lo que no había hecho por mí. Sentía que mi juicio hacia él era completamente justificado. Esto fue alimentado por una creencia muy arraigada de que debió haber sido diferente a como fue. En las semanas previas a su fallecimiento, llegué a darme cuenta y a aceptar que mi padre en verdad había hecho lo mejor que había podido con lo que tenía. Me sentía agradecida de que, a pesar de que a menudo había olvidado mi cumpleaños en años anteriores, me había dado la vida, y ese era un regalo todavía más precioso.

También reconocí que mi padre me dio lo necesario para ser una buena persona y una mujer fuerte. Me enseñó la ética, el respeto, la moral, los valores, un deseo por aprender toda la vida, y una sed de conocimiento de la palabra de Dios. Reconozco que mi padre me enseñó a tener un amor profundo por los libros y por la lectura. Como ministro, ahora yo he tomado su manto. Quiero que las personas conozcan al Dios que mi padre amó y elijo estar agradecida por todas las contradicciones.

Recordatorios diarios del proceso de perdón

Para obtener una explicación más detallada de los Lineamientos Diarios del Proceso de Perdón, véanse las páginas 55-56.

1. Busca un lugar tranquilo donde nadie te interrumpa durante al menos 30 a 60 minutos.
2. Aquieta tu mente durante al menos 5 minutos.
3. Lee la Oración de Perdón una vez en silencio y otra en voz alta.
4. Repasa la Lista de Disparadores Emocionales que se encuentra en las páginas 19-24.
5. Escribe en tu Diario del Perdón (Días 1-18) las 12 Afirmaciones de Perdón para el tema de cada día sobre pensar, juzgar y creer. Escribe tus Cartas de Perdón (Días 19-21).
6. Lleva a cabo tus Secuencias de *Tapping* ProEFT™ para el Perdón.
7. Procesa los pensamientos y sentimientos de manera consciente a través de las Reflexiones de Perdón de tu diario
8. Completa la práctica del día con una reflexión en silencio o con música de meditación.
9. ¡Asegúrate de hacer algo bueno por ti el día de hoy!

Me perdono a mí mismo por juzgar a mi padre

La Práctica de Perdón de hoy tiene que ver con el perdón hacia tu padre terrenal. Lo hayas conocido o no, hayas tenido una relación con él o no, tu padre es una de las razones por las que estás vivo. Aunque muchos de nosotros podamos tener heridas y sufrimientos relacionados con la presencia o ausencia de nuestro padre, el perdón es la forma más poderosa de disminuir los daños que creemos que nuestros padres nos han causado.

Muy a menudo, cuando un padre está ausente, emocionalmente no disponible, o inestable física o mentalmente, su impacto nos deja haciéndonos preguntas que no tienen respuesta: *¿Por qué él…? ¿Por qué él no…? ¿Por qué yo?* Aunque el perdón quizás no responda a las preguntas que hay en tu corazón o en tu mente, el perdón compasivo hacia tu padre puede y, de hecho, eliminará la necesidad de conocer las respuestas.

Como ocurre con todo el trabajo sincero y comprometido de perdón, la mente se aclara y el corazón se abre a una comprensión mucho más profunda de cómo somos amados por nuestro Padre Celestial, independientemente de si nuestro padre terrenal fue o no quien necesitábamos o deseábamos que fuera. Te animo a que emprendas la práctica de hoy con una compasión profunda hacia ti y una gratitud consciente hacia tu padre biológico.

Una oración de perdón

Bendito Padre Celestial:

Hoy te pido que me abras para recibir Tu perdón por todos los juicios, la amargura y los resentimientos que he tenido acerca y en contra de mi padre terrenal. Pido ser liberado por completo de todo pesar, remordimiento, sufrimiento, depresión y tristeza que haya relacionado con mi padre y con su vida. Pido ser elevado por encima de todas las heridas, decepciones y sentido de abandono, de todo enojo o rabia, de toda vergüenza que haya asociado con mi padre y con su vida. Te pido que me recuerdes el hecho de que, igual que yo, mi padre terrenal es un hijo de Dios, que es recibido y aceptado en Tu amor. Te pido que me recuerdes que cuando él no estaba aquí, Tú estabas. Lo que él no pudo hacer y no hizo, Tú lo hiciste. Te pido que crees en mí una mente clara y un corazón lleno de amor hacia mi padre y me enseñes cómo verlo desde una perspectiva más alta. Estoy muy agradecido por saber que siempre he sido guiado, protegido y llamado por el Padre. Rezo para que mi padre terrenal reconozca que esto también es así en su caso.

Descanso en Ti.
¡Que así sea!
¡Y así es!

PERDÓN

DÍA 5
TRABAJO CON EL DIARIO

Perdono a mi padre

—Perdono a mi mente por pensar—

EJEMPLO

Perdono a mi mente por pensar que mi padre fue un mujeriego abusivo.

Perdono a mi mente por pensar que mi padre fue _____

_____

Perdono a mi mente por pensar que mi padre no fue _____

_____

Perdono a mi mente por pensar que mi padre debió _____

_____

Perdono a mi mente por pensar que mi padre no debió _____

_____

—ME PERDONO POR JUZGAR—

EJEMPLO

Me perdono por juzgar a mi padre por ser un alcohólico.

Me perdono por juzgar a mi padre por

_____

_____

Me perdono por juzgar a mi padre por no

_____

_____

Me perdono por juzgar a mi padre sobre

_____

_____

Me perdono por juzgar a mi padre porque no

_____

_____

—Me perdono por creer—

EJEMPLO

Me perdono por creer que mi padre debió hacerme sentir importante.

Me perdono por creer que mi padre me hizo sentir

_____

_____

Me perdono por creer que mi padre no me hizo sentir

_____

_____

Me perdono por creer que mi padre no debió hacerme sentir

_____

_____

Me perdono por creer que mi padre debió hacerme sentir

_____

_____

—Secuencia de *Tapping*—

Repasa los Lineamientos Básicos de la Secuencia de *Tapping* que se encuentran en las páginas 63-69.

1. Repasa en voz alta cada una de las 12 Afirmaciones de Perdón del día. Esto te ayudará a identificar los aspectos específicos del problema sobre el cual quieres hacer *tapping*.

2. Evalúa en una escala del 1 al 10 el nivel de intensidad de cualquier falta de perdón que tengas sobre el tema del día. Escribe el número.

3. Neutraliza toda resistencia subconsciente. Repite una Afirmación de Reversión 3 veces mientras haces *tapping* continuamente en el Punto Karate.

4. Concéntrate en el problema sobre el cual estarás haciendo *tapping*. Repite una Afirmación de Preparación 3 veces mientras haces *tapping* continuamente en el Punto Karate.

5. Haz *tapping* 7 veces en cada uno de los 10 puntos meridianos al tiempo que repites en voz alta los detalles clave de las 12 Afirmaciones de Perdón. Puedes basarte en los Guiones Extra de *Tapping*.

6. Vuelve a evaluar el nivel de intensidad sobre cualquier falta de perdón que tengas acerca del tema del día. Escribe el número. Si el nivel se encuentra en 8 o más arriba, repite toda la secuencia. Si el nivel está por debajo de 8, haz *tapping* sobre la Afirmación de Preparación Modificada, y luego lleva a cabo la Secuencia de *Tapping* de 10 puntos Afirmaciones basándote en tus 12 Afirmaciones de Perdón hasta que te encuentres en un nivel 0 de intensidad.

—Reflexiones—

_____

_____

_____

_____

_____

_____

_____

_____

_____

_____

_____

Algunas veces una persona necesita escuchar que la perdonas
de modo que pueda comenzar a perdonarse a sí misma.

—**RACHEL GIBSON**, _ANY MAN OF MINE_

Perdono a Dios

*La voz de Dios me habla
a lo largo de todo el día.*

Al estar en constante comunicación con Dios,
mi mente escucha la Voz de Dios
que es tranquila, que siempre está en paz,
y siempre es totalmente certera.
O bien Dios es la Mente con la que pienso,
O el ego es la mente con la que pienso.

—ORACIÓN TOMADA DE CUADERNO DE
TRABAJO DE *UN CURSO DE MILAGROS*,
LECCIÓN 49

—Historia de perdón, por Iyanla Vanzant—

Siempre es mucho más fácil culpar a alguien más en lugar de aceptar la responsabilidad de nuestras experiencias. Ya sea que se trate de un rompimiento en una relación o de la falta de dinero o de no poder cumplir un sueño o una meta, debe haber "alguien" a quien culpar. En el ámbito de las experiencias humanas que incluyen la educación, la socialización y el adoctrinamiento religioso existen pocos ejemplos donde se nos enseña que cada persona tiene el poder y la responsabilidad inherente de crear la vida que él o ella desea.

Creamos con nuestros pensamientos, creencias y expectativas. Creamos repitiendo los patrones de conducta con los que nos sentimos cómodos y familiares, sean productivos o no. Creamos mediante la elección consciente: la actividad concentrada que nos hace avanzar exactamente hacia lo que queremos. O creamos experiencias con elecciones inconscientes; esto es, con la actividad que no tiene enfoque o intención. Y creamos nuestras vidas por *default*, aceptando lo que surja e intentando hacer de ello lo que deseamos que sea. Sepamos o no lo que estamos creando o

> CREAMOS CON NUESTROS PENSAMIENTOS, CREENCIAS Y EXPECTATIVAS. CREAMOS REPITIENDO LOS PATRONES DE CONDUCTA CON LOS QUE NOS SENTIMOS CÓMODOS Y FAMILIARES, SEAN PRODUCTIVOS O NO.

cómo lo estamos creando, cuando las cosas no salen como nosotros queremos, nuestros instintos humanos nos llevan a buscar a alguien a quien culpar.

Aquellos que reconocemos y aceptamos que existe una Mente Superior, una Esencia Divina, una Presencia Espiritual en la vida, acudimos a esa energía para que nos apoye, nos asista y nos proporcione las cosas que necesitamos, queremos y deseamos. Algunos llaman a esta presencia, Dios. Otros la llaman Espíritu. Cuando obtenemos lo que deseamos, cuando nuestra vida refleja el bien que deseamos, estamos agradecidos y confiamos en que podemos llamar a la Presencia Espiritual. Cuando, por el contrario, nos enfrentamos a dificultades o decepciones, dudamos y culpamos a la Presencia Espiritual.

La mayoría de nosotros, más de los que alguna vez lo admitirán, estamos totalmente *molestos* con Dios por la forma como las cosas sucedieron o no sucedieron en nuestra vida. Aunque puede parecer irracional e ilógico *culpar* a Dios por nuestra mala elección de pareja, por aceptar un trabajo no satisfactorio, o por gastar más dinero del que ganamos, eso es lo que muchos hacemos. Culpamos a Dios. Responsabilizamos a Dios por la mala actitud de nuestra madre, por la ausencia de nuestro padre, porque

> LA MAYORÍA DE NOSOTROS, MÁS DE LOS QUE ALGUNA VEZ LO ADMITIRÁN, ESTAMOS TOTALMENTE *MOLESTOS* CON DIOS POR LA FORMA COMO LAS COSAS SUCEDIERON O NO SUCEDIERON EN NUESTRA VIDA

nuestro supervisor no nos ascendió a un mejor puesto, porque alguien nos engañó, o por el hecho de que simplemente no parecemos tener nuestra vida en armonía. Cuando las cosas se ponen realmente mal, podemos recordar la lista de cosas que Dios no hizo, debió haber hecho, necesita hacer, o jamás hará por una infinidad de razones. Muchos ni siquiera estamos conscientes de que estamos enojados con Dios. De hecho, creemos que ese enojo es tan impensable que ni siquiera lo consideramos una posibilidad. Como resultado, no podemos sanarlo. Sin reconocimiento no puede haber curación.

Ya sea que te consideres religioso, espiritual, o algo intermedio, o en ninguna parte del continuo, tu relación con tu Fuente, Creador o Esencia Divina tiene un impacto y afecta todas las relaciones de tu vida, incluyendo la relación que tienes contigo mismo.

Dios es amor. Dios es verdad. Dios es poder. Lo llames Dios o Vida o Espíritu, la profundidad de tu conexión, tu dependencia, tu confianza y tu alineación con algo más grande que tú es el elemento primordial determinante de cómo te ves a ti mismo y dentro de ti mismo.

Si crees que no juzgas a Dios, tienes una idea equivocada. Si tienes un juicio sobre algo o alguien, tienes un juicio sobre Dios. *No puedes juzgar a la creación sin juzgar al Creador.* ¿A quién más podrías responsabilizar de salvarte de una madre trastornada, de un padre alcohólico, de un ex esposo perturbado, o de la Hacienda Pública? Quizás no lo llames Dios, pero cuando tu vida va mal, cuando un tornado destruye un pueblo, cuando un niño sufre o muere, cuando tu matrimonio se cae a pedazos, cuando no puedes pagar la renta, ¿a quién acudes? ¿Y qué juicios cargados de enojo surgen? A medida que llevas a cabo la práctica de hoy es absolutamente esencial que te des permiso de ser total y absolutamente honesto y reconozcas cualquier enojo, decepción y cualquier juicio; todo lo que tengas acerca o en contra de Dios. Puede sorprenderte que, una vez que lo hagas, te sentirás mucho mejor contigo mismo.

DIOS ES AMOR. DIOS ES VERDAD. DIOS ES PODER... NO PUEDES JUZGAR A LA CREACIÓN SIN JUZGAR AL CREADOR.

Recordatorios diarios del proceso de perdón

Para obtener una explicación más detallada de los Lineamientos Diarios del Proceso de Perdón, véanse las páginas 55-56.

1. Busca un lugar tranquilo donde nadie te interrumpa durante al menos 30 a 60 minutos.
2. Aquieta tu mente durante al menos 5 minutos.
3. Lee la Oración de Perdón una vez en silencio y otra, en voz alta.
4. Repasa la Lista de Disparadores Emocionales que se encuentra en las páginas 19-24.
5. Escribe en tu Diario del Perdón (Días 1-18) las 12 Afirmaciones de Perdón para el tema de cada día sobre pensar, juzgar y creer. Escribe tus Cartas de Perdón (Días 19-21).
6. Lleva a cabo tus Secuencias de *Tapping* ProEFT™ para el Perdón.
7. Procesa los pensamientos y sentimientos de manera consciente a través de las Reflexiones de Perdón de tu diario
8. Completa la práctica del día con una reflexión en silencio o con música de meditación.
9. ¡Asegúrate de hacer algo bueno por ti el día de hoy!

Me perdono por juzgar a Dios

La Práctica de Perdón de hoy tiene que ver con el perdón por los juicios, el enojo, las decepciones, las heridas que pueden estar enterradas en tu conciencia y están dirigidas hacia Dios. Aunque pensar en ello puede resultar atemorizante, si eres humano es probable que haya algo por lo que estés pensando que Dios es totalmente responsable. Comienza pensando en todas las experiencias que quizás hayas juzgado como equivocadas, injustas, ofensivas o carentes de amor, hayas o no estado involucrado en ellas.

DIOS YA SABE...

Como siempre, la práctica de hoy está diseñada para neutralizar lo que ocurre dentro de ti con el fin de crear un espacio para que se desarrollen nuevas y mayores posibilidades. Si hay una parte de ti, grande o pequeña, que tiene temor a la posibilidad de reconocer esto frente ti y frente a Dios, simplemente considera esto: ¿Qué es exactamente lo que piensas que Dios no sabe sobre ti? Es muy posible que como Dios ya lo sabe, vendrá una curación más profunda cuando estés listo para admitirlo ante ti mismo.

Una oración de perdón

Precioso Señor del universo de la vida:

Te pido y me abro para recibir tu misericordia y tu gracia. Te pido que abras mi mente de modo que pueda conocer la verdad. Te pido que abras mi corazón de modo que experimente la verdad. Te pido que abras mis ojos de modo que vea todos los lugares dentro de mí y dentro de mi vida donde he tenido duda, negación, resistencia, y donde he evitado tu presencia.

Como sé que Tú no me juzgas, te pido que me permitas sentir, ver, escuchar, pensar y saber cómo te he rechazado, despreciado y juzgado. Permíteme conocer y sentir mi conexión contigo. Ayúdame a reconocer mis proyecciones y a ver dentro de mí todo lo que he arrojado sobre ti.

Ayúdame a superar toda vergüenza o culpa que se encuentre arraigada de modo que conozca el gozo de estar en una unión íntima contigo. Enséñame cómo perdonarte. Recuérdame que en tu amor reside mi seguridad y mi libertad.

Descanso en Ti.
¡Que así sea!
¡Y así es!

EL PERDÓN

DÍA 6
TRABAJO CON EL DIARIO

Perdono a Dios

—PERDONO A MI MENTE POR PENSAR—

EJEMPLO

Perdono a mi mente por pensar que Dios realmente no existe.

Perdono a mi mente por pensar que Dios es
_____

_____

Perdono a mi mente por pensar que Dios no es
_____

_____

Perdono a mi mente por pensar que Dios
_____

_____

Perdono a mi mente por pensar que Dios no
_____

_____

—ME PERDONO POR JUZGAR—

EJEMPLO

Me perdono por juzgar a Dios como débil y malo y falto de amor por todas las horribles cosas que me han ocurrido a mí y al mundo.

Me perdono por juzgar a Dios por

_____

_____

Me perdono por juzgar a Dios por no

_____

_____

Me perdono por juzgar a Dios como responsable de

_____

_____

Me perdono por juzgar a Dios como irresponsable por

_____

_____

—ME PERDONO POR CREER—

EJEMPLO

Me perdono por creer que Dios fue impotente, cruel, y responsable de todas las malas cosas que me han ocurrido.

Me perdono por creer que Dios debería

_____

_____

Me perdono por creer que Dios no debería

_____

_____

Me perdono por creer que Dios ha

_____

_____

Me perdono por creer que Dios jamás ha

_____

_____

—Secuencia de *TAPPING*—

Repasa los Lineamientos Básicos de la Secuencia de *Tapping* que se encuentran en las páginas 63-69.

1. Repasa en voz alta cada una de las 12 Afirmaciones de Perdón del día. Esto te ayudará a identificar los aspectos específicos del problema sobre el cual quieres hacer *tapping*.

2. Evalúa en una escala del 1 al 10 el nivel de intensidad de cualquier falta de perdón que tengas sobre el tema del día. Escribe el número.

3. Neutraliza toda resistencia subconsciente. Repite una Afirmación de Reversión 3 veces mientras haces *tapping* continuamente en el Punto Karate.

4. Concéntrate en el problema sobre el cual estarás haciendo *tapping*. Repite una Afirmación de Preparación 3 veces mientras haces *tapping* continuamente en el Punto Karate.

5. Haz *tapping* 7 veces en cada uno de los 10 puntos meridianos al tiempo que repites en voz alta los detalles clave de las 12 Afirmaciones de Perdón. Puedes basarte en los Guiones Extra de *Tapping*.

6. Vuelve a evaluar el nivel de intensidad sobre cualquier falta de perdón que tengas acerca del tema del día. Escribe el número. Si el nivel se encuentra en 8 o más arriba, repite toda la secuencia. Si el nivel está por debajo de 8, haz *tapping* sobre la Afirmación de Preparación Modificada, y luego lleva a cabo la Secuencia de *Tapping* de 10 puntos Afirmaciones basándote en tus 12 Afirmaciones de Perdón hasta que te encuentres en un nivel 0 de intensidad.

_____

_____

_____

_____

_____

_____

_____

_____

_____

_____

_____

_____

Mientras caminaba hacia la puerta que llevaba a la salida
que me llevaría a mi libertad supe que si no dejaba mi
amargura y mi odio detrás, seguiría estando en prisión.

—NELSON MANDELA

Perdono mis sentimientos

Estoy molesto porque veo algo que no existe.

Si mis emociones me indican que estoy molesto, que no siento
la paz de Dios, solo es porque veo algo que no existe, algo
que es una imagen y representación de un pensamiento.
Cualquier sentimiento de molestia es un indicador
de que estoy listo para perdonar.

—ORACIÓN TOMADA DE CUADERNO DE
TRABAJO DE *UN CURSO DE MILAGROS,*
LECCIÓN 6

—Historia de perdón, por Iyanla Vanzant—

No me caía bien. En ese momento, no estaba segura de por qué, ni tampoco me preocupaba saber la razón: todo lo que sabía era que hacía que se me pusieran los pelos de punta. Quizás era demasiado dulce, siempre dejando lo que estuviera haciendo para hacer algo bueno para alguien. O quizás era la forma en la que siempre trataba de ver lo bueno en otras personas, especialmente a las que yo veía con desprecio absoluto.

> ¿POR QUÉ HABRÍA ALGUIEN DE SER BUENA PERSONA CONMIGO?

¿Acaso eso le impedía tratarme con amabilidad y respeto? ¡No! Hice todo lo que tenía a mi alcance para hacerle saber que no era santo de mi devoción. ¿Acaso eso le impidió hacerme regalos? ¡No! ¡Su sola presencia me desesperaba! ¡Me caía mal! Odiaba su cabello, la forma cómo se vestía, su risa aguda, y la forma como su perfume quedaba impregnado en una habitación mucho tiempo después de que ella se había ido. Mi suegra era un auténtico dolor de cabeza, y me sentía avergonzada, y triste por mi actitud hacia ella. Quería que me agradara. Simplemente no podía hacerlo porque ella representaba partes de mi ser que yo no había querido reconocer, comprender o abrazar.

Crecí en una familia donde muy pocas personas eran agradables conmigo. La historia que me conté a mí misma fue que los adultos en mi vida toleraban mi presencia hasta que necesitaban que hiciera algo por ellos. Solo entonces me decían algo agradable y sonreían. Los niños de mi familia adoptaban los consejos de los adultos. Yo era el blanco de la mayoría de las bromas, y me culpaban casi por todo. Como resultado, desarrollé una sana suspicacia hacia la mayoría de las personas, particularmente, las personas agradables. ¿Por qué habría alguien de ser buena persona conmigo? Si mi padre, mi hermano, mi hermana, y otros familiares e invitados me menospreciaban, una persona que fuera agradable conmigo debía querer algo, o debía estar loca. De cualquier modo, quisieran lo que quisieran, aún si se trataba de una sencilla respuesta a una pregunta inofensiva y benigna, yo no iba a dársela.

Un día, en el trabajo, una persona con la que rara vez interactuaba, me dijo algo que me dejó impactada.

—Eres una persona muy agradable. Siempre estás dispuesta a ayudar a otras personas, y esa es una cualidad muy admirable.

—¿Quién, yo?

—Sí, tú. Pienso que las personas no te entienden porque no hablas mucho, y cuando lo haces, puede sonar algo duro. Pero veo cómo jamás sales a comer sin preguntar si se le ofrece algo a alguien. Veo cómo siempre recoges las copias de la fotocopiadora y las distribuyes. Veo cómo siempre llenas el tarro de dulces de tu escritorio y nunca te quejas cuando llega el final del día y ya se ha acabado. Esas son cosas agradables que haces, y yo me doy cuenta de ellas. Gracias.

Pensé que se había vuelto loca. La verdad es que, sin pensarlo dos veces, yo me había vuelto loca. Cuando escuché sus palabras, perdí las partes duras, suspicaces, lastimadas y rotas de mi mente que me impedían ver la verdad acerca de mí misma. Perdí años de recuerdos de la infancia y menosprecios que solo me habían permitido ver que lo que yo pensaba era lo peor de mí en todos los demás. Perdí todo el enojo que no podía expresar hacia los adultos de mi niñez. Lo más importante, perdí mi suspicacia hacia las personas agradables. Si yo era una de ellas, ciertamente no podía ser mezquina y desagradable con ellas. Eso significaría que tendría que ser mezquina conmigo misma. Eso era algo que no podía hacer conscientemente porque había suficientes personas en mi vida que habían hecho ese trabajo.

Un día después de que mi hija nació, mi suegra dijo algo que cambiaría nuestra relación y mi vida.

—Me recuerdas mucho a mí misma cuando era más joven. Estaba muy enojada y era muy arrogante. Estaba enojada porque me sentía lastimada. Era arrogante porque todas las personas que conocía y a las que amaba no reconocían lo mucho que me habían lastimado. Pasé la mejor parte de mi vida enojada con el mundo hasta que aprendí a perdonar. Espero que ahora que eres madre aprendas a perdonar, porque vas a necesitar esa gracia de salvación un día. Los niños tienen una forma curiosa de romper el corazón, una y otra vez.

Habiendo dicho eso, besó a mi hija, luego a mí, y salió de la habitación.

Si alguien me hubiera dicho que tenía derecho a estar enojada con mi madre por haberse muerto y haberme dejado, me habría ahorrado años de sufrimiento. Si yo hubiera sabido cuando estaba sentada en los escalones esperando a mi padre, sabiendo que no iba a aparecer, que tenía permiso de golpear algo o decir algo, eso me habría ayudado a comprender lo que estaba sintiendo. Cuando somos niños a menudo se nos dice qué no sentir y qué no decir. Como resultado, a menudo crecemos como adultos que creemos que lo que sentimos está mal y que lo que queremos decir no es agradable. El resultado es que juzgamos lo que sentimos, creyendo que es inaceptable. Cuando lo que sentimos en nuestro corazón es inaceptable, podemos ser emocionalmente deshonestos y/o desconectados. Cuando nos desconectamos de nuestro corazón, nuestros sentimientos, nuestro

> EL VERDADERO PODER VIENE DEL CORAZÓN, Y NO DE LA CABEZA.

ser emocional, también nos desconectamos de nuestro poder personal. El verdadero poder viene del corazón, y no de la cabeza.

Los sentimientos van y vienen. Sea lo que sea que estemos sintiendo en un momento dado es solamente una experiencia pasajera. Nuestro trabajo consiste en aprender a aceptar lo que sentimos y aprender a dejarlo ir. Si no lo hacemos, podemos quedar atrapados en juzgar nuestras respuestas instintivas hacia las personas y las circunstancias. Cuando eso ocurre, el perdón es lo único que nos saca del atolladero.

Recordatorios diarios del proceso de perdón

Para obtener una explicación más detallada de los Lineamientos Diarios del Proceso de Perdón, véanse las páginas 55-56.

1. Busca un lugar tranquilo donde nadie te interrumpa durante al menos 30 a 60 minutos.
2. Aquieta tu mente durante al menos 5 minutos.
3. Lee la Oración de Perdón una vez en silencio y otra, en voz alta.
4. Repasa la Lista de Disparadores Emocionales que se encuentra en las páginas 19-24.
5. Escribe en tu Diario del Perdón (Días 1-18) las 12 Afirmaciones de Perdón para el tema de cada día sobre pensar, juzgar y creer. Escribe tus Cartas de Perdón (Días 19-21).
6. Lleva a cabo tus Secuencias de *Tapping* ProEFT™ para el Perdón.
7. Procesa los pensamientos y sentimientos de manera consciente a través de las Reflexiones de Perdón de tu diario
8. Completa la práctica del día con una reflexión en silencio o con música de meditación.
9. ¡Asegúrate de hacer algo bueno por ti el día de hoy!

Me perdono por juzgar mis sentimientos

La Práctica de Perdón de hoy tiene que ver con perdonar tus sentimientos o respuestas emocionales. ¿Alguna vez te has sentido espantosamente, has tratado a otras personas de manera cruel, y luego te has recriminado por ello? Bueno, si así ha sido significa que eres verdaderamente humano, y eso no es algo fatal. Las emociones o los sentimientos son la energía que nos mueve. Están influenciados por nuestro panorama interno, por el medio ambiente, el estrés, nuestra dieta e, incluso, ¡los titulares de los periódicos! En otras palabras, lo que sentimos en un momento dado se da en función de muchos factores, algunos de los cuales no estamos conscientes.

> LAS EMOCIONES O SENTIMIENTOS SON LA ENERGÍA QUE NOS MUEVE.

Para la práctica de hoy date permiso de examinar verdaderamente los puntos donde crees que no debes sentir lo que sientes. Ten cuidado de no etiquetar nada como bueno o malo, como correcto o incorrecto. Reflexiona sobre las situaciones y analízalas, así como las circunstancias y las relaciones donde la deshonestidad, el alejamiento o la desconexión emocional puede estar actuando, y perdona cualquier cosa que sientas.

Una oración de perdón

Amado Dios:

Gracias por hacernos a toda la raza humana y a mí tan maravillosamente complejos. Nos has dado el libre albedrío. Nos has bendecido con los poderes del pensamiento y la elección. Nos has llenado con la capacidad de amar y conocer las profundidades a las que caemos cuando el amor no está presente. Hoy te pido que me abras para recibir una sanación total y absoluta de todas las emociones tóxicas, desde sus causas y raíces más profundas. Te doy total y absoluto permiso de que recojas cualquier energía improductiva y carente de amor que pueda ser recogida y que la transformes en una luz pura y blanca. Te pido que crees en mí un corazón limpio y me regreses a un estado de inocencia y gracia.

Por esto y por muchas cosas más, estoy muy agradecido.

¡Que sea como tú desees!
¡Y así es!

PERDÓN

DÍA 7
TRABAJO CON EL DIARIO

Perdono mis sentimientos

—PERDONO A MI MENTE POR PENSAR—

EJEMPLO

Perdono a mi mente por pensar que no debería sentirme decepcionado por no haber logrado más en mi vida hasta ahora.

Perdono a mi mente por pensar que yo debería sentir
_____

_____

Perdono a mi mente por pensar que yo no debería sentir
_____

_____

Perdono a mi mente por pensar que mis sentimientos son
_____

_____

Perdono a mi mente por pensar que mis sentimientos no son
_____

_____

—ME PERDONO POR JUZGAR—

EJEMPLO

Me perdono por juzgar que lo que siento no es importante.

Me perdono por juzgar lo que siento como

_____

_____

Me perdono por juzgar lo que no siento como

_____

_____

Me perdono por juzgar mis sentimientos como

_____

_____

Me perdono por no juzgar mis sentimientos como

_____

_____

—Me perdono por creer—

EJEMPLO

Me perdono por creer que mis sentimientos no serán escuchados.

Me perdono por creer que mis sentimientos son

_____

_____

Me perdono por creer que mis sentimientos no son

_____

_____

Me perdono por creer que mis sentimientos siempre

_____

_____

Me perdono por creer que mis sentimientos nunca

_____

_____

—Secuencia de *Tapping*—

Repasa los Lineamientos Básicos de la Secuencia de *Tapping* que se encuentran en las páginas 63-69.

1. Repasa en voz alta cada una de las 12 Afirmaciones de Perdón del día. Esto te ayudará a identificar los aspectos específicos del problema sobre el cual quieres hacer *tapping*.

2. Evalúa en una escala del 1 al 10 el nivel de intensidad de cualquier falta de perdón que tengas sobre el tema del día. Escribe el número.

3. Neutraliza toda resistencia subconsciente. Repite una Afirmación de Reversión 3 veces mientras haces *tapping* continuamente en el Punto Karate.

4. Concéntrate en el problema sobre el cual estarás haciendo *tapping*. Repite una Afirmación de Preparación 3 veces mientras haces *tapping* continuamente en el Punto Karate.

5. Haz *tapping* 7 veces en cada uno de los 10 puntos meridianos al tiempo que repites en voz alta los detalles clave de las 12 Afirmaciones de Perdón. Puedes basarte en los Guiones Extra de *Tapping*.

6. Vuelve a evaluar el nivel de intensidad sobre cualquier falta de perdón que tengas acerca del tema del día. Escribe el número. Si el nivel se encuentra en 8 o más arriba, repite toda la secuencia. Si el nivel está por debajo de 8, haz *tapping* sobre la Afirmación de Preparación Modificada, y luego lleva a cabo la Secuencia de *Tapping* de 10 puntos Afirmaciones basándote en tus 12 Afirmaciones de Perdón hasta que te encuentres en un nivel 0 de intensidad.

—REFLEXIONES—

_____

_____

_____

_____

_____

_____

_____

_____

_____

_____

El perdón no siempre es fácil. En ocasiones, el hecho de perdonar a la persona que nos lastimó es aún más doloroso que la herida que sufrimos. Sin embargo, no hay paz si no hay perdón.

—MARIANNE WILLIAMSON

Perdono mis debilidades y mis fracasos

Dios no me ha condenado. Yo no lo haré más.

Dios no me condena con Sus pensamientos sobre mí.
¿Por qué, entonces, yo habría de negar Sus pensamientos
y elegir pensamientos que me condenan?
Con los pensamientos que elijo creo mi realidad, mi autopercepción,
mi percepción acerca de todo lo que parece ocurrirme.
Yo elijo todo lo que veo.

—ORACIÓN TOMADA DE *CUADERNO DE
TRABAJO DE UN CURSO DE MILAGROS,*
LECCIÓN 228

—Historia de un Amigo del Perdón, por Rev. Lydia Ruíz—

En agosto de 1993, su historia se reportó en el *New York Daily News*. Después de ver una película en HBO titulada *Strapped*, un chico de 15 años decidió representar su propia historia de vida. Fue a Greenwich Village en la ciudad de Nueva York. Regresó a casa con el corazón lleno de ansiedad. No pudo jalar del gatillo. Plan B: Decidió disparar por la ventana hacia una cancha de basquetbol llena de jugadores. Mi madre acababa de regresar a casa después de completar una vigilia de rosarios de nueve días para un vecino cuya madre había fallecido. Mi mamá estaba preparando su cena cuando él disparó.

La primera vez que lo vi, fue en la corte de la Juez Judy. Ella era juez de la corte antes de convertirse en un icono de la televisión. Muy al estilo de la Juez Judy, preguntó: "Y bien, ¿qué tiene que decir a su favor, jovencito?". Se quedó completamente quieto, mirando a la distancia como si estuviera viendo la televisión. No tenía nada que decir. De acuerdo con el abogado defensor, su madre era una alcohólica en activo y no se encontraba presente en la corte. Mi madre estaba muerta. Sin embargo, por alguna razón, yo estaba sentado en la corte sintiendo dolor y tristeza por el chico que insensiblemente la había asesinado. Ella era la roca de mis cimientos. Lo odiaba por lo que había hecho: ¡Niño estúpido!

La muerte de mi madre me dejó huérfano a la edad de 37 años. Crecí en las calles duras de la ciudad de Nueva York, el Harlem español, donde las reglas de la calle eran "¡No digas malas palabras frente a mi madre!" y "Más te vale que no hables de mi madre" y "¡Te mataré si tocas a mi madre!". Todo eso

estaba muy bien cuando hablaba con mis amigos, ¿¿¿¿pero con un niño????
¿Cómo se supone que debo contratacar? ¿Cómo habría de vengar su muerte?

Mi familia, mis amigos y los vecinos que conocían a mi madre como la
"estilista que ora" estaban todos furiosos, mirándome, preguntándose —igual
que yo— Qué iba yo a hacer. Hubo marchas y protestas para influir en su
sentencia. Los políticos locales con los que había trabajado utilizaron su muerte como un trampolín para impulsar sus carreras. Fue una oportunidad de
obtener justicia por un asesinato sin sentido y para una comunidad olvidada.
Sin embargo, no podía dormir por las noches. Mis ojos estaban hinchados de
tanto llorar. Apenas podía ver. No importaba dónde estuviéramos o qué estuviera ocurriendo, una y otra vez mi hermana dejaba escapar esos gritos
aterradores en un esfuerzo por liberar su dolor. Era insoportable. Las posibilidades eran atroces.

Yo quería vengarme. Quería justicia. Quería lastimar a alguien, a cual-
quiera, como si eso hiciera mi dolor más fácil de llevar. Una noche, me reuní
con un viejo socio que sabía que tenía una pistola. Me dijo que sabía que iría
a buscarlo. Me preguntaba por qué había pensado que eso era lo que las personas estaban esperando y qué era lo que esperaban. Sentí como si mis piernas
tuvieran mente propia. Fui al único lugar donde sabía que mi madre habría
querido que yo estuviera: la iglesia. Era su segundo hogar. La limpiaba, la
decoraba y se sentaba ahí muchas veces en el eco del silencio. Me senté en su
banca. Invoqué su nombre. A diferencia de otras veces, esta vez no respondió.
Clamé a Dios. Se respuesta fue clara: *"Durante demasiados años has estado
enfermo. La libertad por la que tu madre oró está aquí. Tu adicción es ahora libera-*

da. ¿Qué vas a hacer? ¿Qué has aprendido del regalo de la vida? ¿Cómo vas a
continuar para poner tu vida en orden?".

El perdón vino inmediatamente a mi mente. Sin embargo, estaba demasiado enojado o lastimado como para siquiera considerarlo. ¿Quién necesitaba el perdón? ¿Acaso era yo por pasar tanto tiempo en las adicciones y lejos de mi madre? ¿O era el niño dañado y disfuncional que le había arrebatado la vida? El perdón parecía un plan futuro, no apto para el dolor justificable del momento. El perdón era lo que Dios le daría a él. No me correspondía a mí. Yo era quien tenía que despertarme sin mi madre en el hogar de mi infancia. Tenía que limpiar todo lo que ella dejó detrás. Tenía que mirar sus cosas y descubrir la búsqueda espiritual que ella había documentado en su Biblia. Encontré sus notas escritas a mano, sus oraciones a Dios. A medida que las fui leyendo me di cuenta de lo bendecido que era de tener una madre que hubiera orado por mí.

Esas oraciones ayudaron a suavizar mi corazón. Pensé en su asesino, un niño con un televisor y un arma, que no tenía guía ni apoyo; un niño que no tenía una madre como la mía. Recordé lo feliz que mi madre había sido cuando finalmente estuve limpio. Estaba muy orgullosa de mí. Me preguntaba si su madre alguna vez había orado por él, o si había estado alcoholizada toda su vida. ¿Qué podía hacer yo para preservar sus oraciones? Esta vez ella contestó: *"El mismo amor y oraciones que tú recibiste, las que cambiaron tu vida, son las mismas oraciones que ofreces a los demás".* Pero yo quería que él sufriera.

Durante los siguientes tres años me sentí absolutamente miserable. Noches sin dormir, cambios de humor exagerados, sentimientos de pérdida y desesperanza que no podía quitarme de encima. Cuando pensaba en él y en mi madre muerta —y en que yo no estaba haciendo nada al respecto— el enojo se hacía insoportable. *¿Cómo puedo orar por él? ¿Cómo puedo perdonarlo? ¿Quién y en qué me convertiría si seguía aferrándome a la falta de perdón?* Sentía que mi posición era correcta, pero me sentía mal en el alma. Me sentía desconectado de Dios, lo cual yo sabía significaba que estaba desconectado de mi madre. Todo tenía que ver con mi ego —*dejar fuera a Dios*— de modo que pudiera mantener mis sentimientos de estar en lo correcto. Era la rudeza de mi ego reinando de forma absoluta en mi mente.

Así pues, ¿qué es lo que sé sobre el perdón? El perdón es un maestro silencioso e íntimo. Siempre está dispuesto a traerte las lecciones que necesitas, ya sea que quieras o no aprenderlas. El perdón es la madre que suaviza las orillas rugosas de tu vida, permitiendo al corazón y a la mente dispuesta, entregarse.

Tuve que tomar una decisión. Elegí la paz. Elegí una relación sólida e íntima con Dios como el sendero hacia una relación eterna con mi madre. El perdón es el sendero hacia la paz. No tiene que parecer lógico, y no tienes que desear hacerlo. Lo que yo quería era crear un nuevo código callejero para mí. A través del perdón Dios tenía ahora una forma de hablarme. Aún lo escuchó la mayor parte del tiempo. Es la voz del amor. Ahora sé que el perdón es la voz del amor que convierte toda debilidad en fortaleza.

> EL PERDÓN ES UN MAESTRO SILENCIOSO E ÍNTIMO. SIEMPRE ESTÁ DISPUESTO A TRAERTE LAS LECCIONES QUE NECESITAS, YA SEA QUE QUIERAS O NO APRENDERLA.

Recordatorios diarios del proceso de perdón

Para obtener una explicación más detallada de los Lineamientos Diarios del Proceso de Perdón, véanse las páginas 55-56.

1. Busca un lugar tranquilo donde nadie te interrumpa durante al menos 30 a 60 minutos.
2. Aquieta tu mente durante al menos 5 minutos.
3. Lee la Oración de Perdón una vez en silencio y otra, en voz alta.
4. Repasa la Lista de Disparadores Emocionales que se encuentra en las páginas 19-24.
5. Escribe en tu Diario del Perdón (Días 1-18) las 12 Afirmaciones de Perdón para el tema de cada día sobre pensar, juzgar y creer. Escribe tus Cartas de Perdón (Días 19-21).
6. Lleva a cabo tus Secuencias de Tapping ProEFT™ para el Perdón.
7. Procesa los pensamientos y sentimientos de manera consciente a través de las Reflexiones de Perdón de tu diario
8. Completa la práctica del día con una reflexión en silencio o con música de meditación.
9. ¡Asegúrate de hacer algo bueno por ti el día de hoy!

Perdono mis debilidades y fracasos

La Práctica de Perdón de hoy tiene que ver con perdonar lo que juzgamos como debilidades en nosotros y con las experiencias que percibimos como fracasos. Las debilidades y los fracasos pueden mantenerte atorado en la vergüenza, la culpa y la duda de ti mismo. Como seres humanos tenemos tendencia a premiar la perfección. Cuando nos juzgamos como imperfectos, la autocrítica tomará el lugar de la compasión en nuestra mente y nuestro corazón. Todas las cosas son lecciones que Dios desea que aprendamos. Desafortunadamente, si no sabemos que estamos en una clase, podemos juzgar las cosas que hacemos y las cosas que ocurren como malas, equivocadas y como fracasos personales. Con la práctica de hoy llevaremos esos juicios a la mesa del perdón. Te animo a que pienses en las relaciones, experiencias de trabajo, esperanzas, deseos, sueños y ciclos incompletos de acciones: cosas que comenzaste pero no terminaste y asegúrate de perdonar los sentimientos y creencias que tienes sobre ti que has conectado con estas así llamadas debilidades y fracasos.

> TODAS LAS COSAS SON LECCIONES QUE DIOS DESEA QUE APRENDAMOS.

Una oración de perdón

Amado Señor:

¡Ayúdame!

Ayúdame a recordar lo que deseo y a olvidar lo que he hecho.

Ayúdame a olvidar lo que no he hecho de modo que recuerde lo que puedo hacer.

Ayúdame a escuchar y conocer tu voz cuando estés guiándome, inspirándome y dirigiéndome hacia nuevas experiencias, nuevas oportunidades y nuevas posibilidades.

Ayúdame a ver nuevas formas de ser a medida que libero antiguas formas de ver.

Ayúdame a soltar. Ayúdame a entregar.

Ayúdame este día.

Descanso en Ti.
¡Así sea!
¡Y así es!

PERDÓN

Perdono mis debilidades y mis fracasos

—PERDONO A MI MENTE POR PENSAR—

EJEMPLO

Perdono a mi mente por pensar que soy débil cuando no me defiendo.

Perdono a mi mente por pensar que soy débil porque
_____

_____

Perdono a mi mente por pensar que soy débil cuando
_____

_____

Perdono a mi mente por pensar que fracasé en
_____

_____

Perdono a mi mente por pensar que fracasé cuando
_____

_____

—Me perdono por juzgar—

EJEMPLO

Me perdono por juzgarme como un fracaso porque no me tomaron en cuenta para una promoción en el trabajo.

Me perdono por juzgar que soy débil porque

_____

Me perdono por juzgar que soy un fracaso porque

_____

Me perdono por juzgar que soy débil cuando

_____

Me perdono por juzgar que soy un fracaso cuando

_____

—ME PERDONO POR CREER—

EJEMPLO

Me perdono por creer que fracasé en la universidad y que soy demasiado viejo para regresar ahora.

Me perdono por creer que soy débil porque

_____

_____

Me perdono por creer que soy débil porque

_____

_____

Me perdono por creer que soy débil porque

_____

_____

Me perdono por creer que soy débil porque

_____

_____

—Secuencia de *TAPPING*—

Repasa los Lineamientos Básicos de la Secuencia de *Tapping* que se encuentran en las páginas 63-69.

1. Repasa en voz alta cada una de las 12 Afirmaciones de Perdón del día. Esto te ayudará a identificar los aspectos específicos del problema sobre el cual quieres hacer *tapping*.

2. Evalúa en una escala del 1 al 10 el nivel de intensidad de cualquier falta de perdón que tengas sobre el tema del día. Escribe el número.

3. Neutraliza toda resistencia subconsciente. Repite una Afirmación de Reversión 3 veces mientras haces *tapping* continuamente en el Punto Karate.

4. Concéntrate en el problema sobre el cual estarás haciendo *tapping*. Repite una Afirmación de Preparación 3 veces mientras haces *tapping* continuamente en el Punto Karate.

5. Haz *tapping* 7 veces en cada uno de los 10 puntos meridianos al tiempo que repites en voz alta los detalles clave de las 12 Afirmaciones de Perdón. Puedes basarte en los Guiones Extra de *Tapping*.

6. Vuelve a evaluar el nivel de intensidad sobre cualquier falta de perdón que tengas acerca del tema del día. Escribe el número. Si el nivel se encuentra en 8 o más arriba, repite toda la secuencia. Si el nivel está por debajo de 8, haz *tapping* sobre la Afirmación de Preparación Modificada, y luego lleva a cabo la Secuencia de *Tapping* de 10 puntos Afirmaciones basándote en tus 12 Afirmaciones de Perdón hasta que te encuentres en un nivel 0 de intensidad.

_____

_____

_____

_____

_____

_____

_____

_____

_____

_____

En lugar de golpearte en la frente y preguntarte: "Qué estaba yo pensando?", respira y hazte una pregunta más amable: "¿Qué estaba yo aprendiendo?".

—KAREN SALMANSOHN

Perdono mis decisiones

Solo soy afectado por mis pensamientos.

Mis pensamientos pueden atemorizarme, pero como son mis pensamientos tengo el poder de cambiarlos e intercambiarlos. Es para mi beneficio entrenar a mi mente para que solo sea afectada por los pensamientos que yo deseo. Deliberadamente elijo los pensamientos que deseo. Elijo los sentimientos que experimento. Perdono las ideas conflictivas que me dañan.

ORACIÓN TOMADA DE *CUADERNO DE TRABAJO DE UN CURSO DE MILAGROS*, LECCIÓN 338

— Historia de un Amigo del Perdón, por la Rev. Manazerine Baptiste—

*T*e amo y te perdono por todo.

El 6 de agosto de 2012 escribí estas palabras a mi madre. Durante tres años y medio pasé por un proceso de perdón. Mientras estaba sentada a la orilla de mi cama a mitad de las cobijas con lágrimas corriendo por mi rostro, llegó a mí un Instante Sagrado y presioné enviar. Eran las 6:20 p.m. y yo estaba inundada con un profundo sentido de paz y satisfacción. Ya no había ningún enojo, juicio, culpa o dolor. Ya no era importante contar la historia. Esta vez todo lo que importaba era la libertad del perdón. Lloraba porque recordaba el momento en el que ella vino a tocar a la puerta, un momento en el que yo no estaba preparada. Cuánta diferencia puede hacer un momento cuando elegimos sanar.

Pensaba en la Navidad en la que pregunté a mi madre si quería platicar. Yo había planeado que fuera nuestro primer intercambio sobre una herida muy antigua y profunda. Pensé que deseaba escuchar su versión de porqué jamás regresó por mí. Como un bono extra, ella podría escuchar mi versión de cómo me rompió el corazón, destrozó mi vida y me dejó sin ninguna brújula o entendimiento acerca de la vida y el amor. Nos sentamos en un pequeño salón mientras el resto de la familia intercambiaba risas; nosotros intercambiamos corazones. Con cada historia, llorábamos. Lloramos hasta que ya no pudimos hablar. Ella "simplemente no sabía cómo amarme y no tenía idea de cómo ser una madre". En ese momento, vi su inocencia como si fuera mía. En ese momento, mi corazón se abrió a su amor y a la posibilidad del perdón. En ese momento, sin embargo, seguía siendo tan solo una posibilidad.

A partir de que hablé con mi madre aprendí que el perdón es un proceso que comienza con la decisión de terminar con tu propio sufrimiento. También es una elección que se forma momento a momento. Es también una elección simple: sufrir o gozar, estar en la esclavitud o en la libertad. Yo había elegido ver las cosas de manera distinta. Independientemente de cómo juzgara lo que ella pudo haber hecho o debió haber hecho, ella hizo lo único que sabía cómo hacer en ese momento. La elección más grande para mí fue soltar la necesidad de comprender. Jamás comprendería. Hay algunas cosas que nadie puede comprender.

Ya no veo a mi madre a través del cristal del dolor, y tampoco veo las decisiones que tomó como la fuente de mi dolor. Elijo verla como una mujer, e, igual que yo, hubo días en los que se sintió indigna y sin derecho a ser amada. Al igual que yo, ella tomó decisiones de las que no se enorgullece. Al igual que yo, ella ha sufrido por sentimientos de culpa, vergüenza y enojo. Imagino que ella también tuvo el corazón roto y desea experimentar el poder perdonador del amor. E, igual que yo, ella desea saber que ha sido perdonada. Yo elijo hacerle saber que, en mi alma, todo está bien.

> QUÉ GRAN DIFERENCIA PUEDE HACER UN MOMENTO CUANDO ELEGIMOS SANAR.

Recordatorios diarios del proceso de perdón

Para obtener una explicación más detallada de los Lineamientos Diarios del Proceso de Perdón, véanse las páginas 55-56.

1. Busca un lugar tranquilo donde nadie te interrumpa durante al menos 30 a 60 minutos.
2. Aquieta tu mente durante al menos 5 minutos
3. Lee la Oración de Perdón una vez en silencio y otra, en voz alta.
4. Repasa la Lista de Disparadores Emocionales que se encuentra en las páginas 19-24.
5. Escribe en tu Diario del Perdón (Días 1-18) las 12 Afirmaciones de Perdón para el tema de cada día sobre pensar, juzgar y creer. Escribe tus Cartas de Perdón (Días 19-21).
6. Lleva a cabo tus Secuencias de Tapping para el Perdón ProEFT™.
7. Procesa los pensamientos y sentimientos de manera consciente a través de tu Reflexiones de Perdón de tu Diario
8. Completa la práctica del día con una reflexión en silencio o con música de meditación.
9. ¡Asegúrate de hacer algo bueno por ti el día de hoy!

Me perdono a mí mismo por juzgar mis decisiones

La Práctica de Perdón de hoy se relaciona con juzgar las decisiones pasadas. Una decisión es una intención enfocada que brinda el catalizador creativo y el llamado energético a la acción. Sin la decisión no puede haber movimiento. Con la decisión, la programación mental queda vacía, al menos por un momento.

Desafortunadamente, muchas de las decisiones que tomamos a cada instante son alimentadas por lo que creemos acerca del pasado y lo que tememos acerca del futuro. Por esta razón, ninguna decisión es una mala decisión; cada decisión es una oportunidad de que se desarrolle un aprendizaje. En la práctica de hoy te animo a que examines y explores las decisiones que has tomado, independientemente de los resultados, y sobre las que has dudado. También es una oportunidad de explorar las elecciones que no estás seguro de tomar hoy.

NINGUNA DECISIÓN ES UNA MALA DECISIÓN; CADA DECISIÓN ES UNA OPORTUNIDAD DE QUE SE DESARROLLE UN APRENDIZAJE.

Una oración de perdón

No hay nada que deba sanarse; solo que Dios se revele.

Pido que la paz de Dios se revele en mi mente. No hay nada que deba sanarse; solo que Dios se revele. Pido ahora que el amor de Dios se revele en mi corazón. No hay nada que deba sanarse; solo que Dios se revele. Ahora pido que la voluntad de Dios se revele en cada decisión que tome. No hay nada que deba sanarse; solo que Dios se revele. Ahora pido que la presencia de Dios se revele en todo lo que hago. No hay nada que deba sanarse; solo que Dios se revele. Ahora pido que la paz perfecta de Dios se revele en mi vida.

Hoy pido abrirme a experimentar la presencia de Dios en mi mente, mi corazón y en todos los demás aspectos de mi vida.

Por las bendiciones de este día, estoy muy agradecido.

Descanso en ti.
¡Que así sea!
¡Y así es!

PERDÓN

DÍA 9
TRABAJO CON EL DIARIO

Perdono mis decisiones

—Perdono a mi mente por pensar—

EJEMPLO

Me perdono por pensar que no debí dejar mi trabajo cuando lo hice.

Perdono a mi mente por pensar que debí haber decidido

_____

_____

Perdono a mi mente por pensar que no debí haber decidido

_____

_____

Perdono a mi mente por pensar que no puedo decidir

_____

_____

Perdono a mi mente por pensar que no voy a decidir

_____

_____

—Me perdono por juzgar—

EJEMPLO

Me perdono por juzgar mi decisión de permanecer soltera y no tener hijos.

Me perdono por juzgar mi decisión de _____

_____

Me perdono por juzgar mi decisión de no _____

_____

Me perdono por juzgarme cuando decidí _____

_____

Me perdono por juzgarme cuando decidí no _____

_____

—Me perdono por creer—

EJEMPLO

Me perdono por escoger creer que no puedo darle una nueva dirección a mi vida.

Me perdono por decidir creer

_____

_____

Me perdono por decidir no creer

_____

_____

Me perdono por creer que fue equivocado decidir

_____

_____

Me perdono por creer que fue equivocado decidir no

_____

_____

—Secuencia de *Tapping*—

Repasa los Lineamientos Básicos de la Secuencia de *Tapping* que se encuentran en las páginas 63-69.

1. Repasa en voz alta cada una de las 12 Afirmaciones de Perdón del día. Esto te ayudará a identificar los aspectos específicos del problema sobre el cual quieres hacer *tapping*.
2. Evalúa en una escala del 1 al 10 el nivel de intensidad de cualquier falta de perdón que tengas sobre el tema del día. Escribe el número.
3. Neutraliza toda resistencia subconsciente. Repite una Afirmación de Reversión 3 veces mientras haces *tapping* continuamente en el Punto Karate.
4. Concéntrate en el problema sobre el cual estarás haciendo *tapping*. Repite una Afirmación de Preparación 3 veces mientras haces *tapping* continuamente en el Punto Karate.
5. Haz *tapping* 7 veces en cada uno de los 10 puntos meridianos al tiempo que repites en voz alta los detalles clave de las 12 Afirmaciones de Perdón. Puedes basarte en los Guiones Extra de *Tapping*.
6. Vuelve a evaluar el nivel de intensidad sobre cualquier falta de perdón que tengas acerca del tema del día. Escribe el número. Si el nivel se encuentra en 8 o más arriba, repite toda la secuencia. Si el nivel está por debajo de 8, haz *tapping* sobre la Afirmación de Preparación Modificada, y luego lleva a cabo la Secuencia de *Tapping* de 10 puntos Afirmaciones basándote en tus 12 Afirmaciones de Perdón hasta que te encuentres en un nivel 0 de intensidad.

_____

_____

_____

_____

_____

_____

_____

_____

_____

_____

Perdonar no es olvidar; es, simplemente, negar a
tu dolor el derecho de controlar tu vida.

—CORALLIE BUCHANAN
WATCH OUT! GODLY WOMEN ON THE LOOSE

Perdono mi relación con el dinero

No tengo razón para estar enojado o para tener miedo, pues Tú me rodeas. Y en cada necesidad que percibo, Tu gracia me basta.

Padre, permíteme recordar que Tú estás aquí, rodeándome con tu amor eterno, tu paz perfecta y tu alegría. Vuelco mi atención a la morada natural de mi mente, a mi percepción natural. Estos son los pensamientos que mueven y mantienen mi mente segura en Ti, libre de las ideas del ego que me lastima. Déjame recordar que Tú estás aquí y que no estoy solo.

—ORACIÓN TOMADA DE *CUADERNO DE TRABAJO DE UN CURSO DE MILAGROS*, LECCIÓN 348

—Historia de perdón, por Iyanla Vanzant—

Crecí con una mentalidad de asalariada. A mi madre le pagaban los viernes cada 15 días. Me gustaban mucho los viernes de pago porque significaba que podíamos ir al supermercado para comprar todas las cosas que necesitábamos para llenar el refrigerador y la alacena. Me daba una sensación de seguridad ver dos o tres botellas de leche y una hogaza entera de pan. El día de pago significaba que al menos por unos cuantos días no tendría que pensar en no comer demasiado o en si no habría suficiente de lo básico para el desayuno, la comida o la cena. Dos o tres días antes del día de pago era una historia totalmente distinta. Esos días sabía que podía comerme solo la mitad de un sándwich y beber solo la mitad de un vaso de leche para estirar lo que teníamos hasta que pudiéramos tener más. Llevé este patrón a mi vida adulta: todo tenía que acabarse antes de que pudiera tener más. Esto era especialmente así cuando se trataba de mi relación con el dinero.

> **CUANDO TIENES UNA MENTALIDAD DE ASALARIADO ES DIFÍCIL VER LA POSIBILIDAD DE TENER MÁS QUE SUFICIENTE**

Cuando decidí inscribir a mi nieto en una preparatoria privada, no tenía idea de cómo iba a pagarlo. En ese momento apenas estaba cubriendo lo básico, pero sabía que la escuela pública no era una buena opción para él. Pude obtener un préstamo personal educativo para inscribirlo en la escuela, y ya me las arreglaría para pagar la cuota mensual. Para finales de su primer año, ya estaba atrasada con cuatro meses. La escuela me notificó que para que él pudiera regresar a la escuela su colegiatura debía estar al corriente. Cuando tienes una mentalidad de asalariado es difícil ver la posibilidad de tener más que suficiente. Parecía que en mi vida jamás podría tener suficiente dinero. Eso hizo que tener "más que suficiente" fuera una misión imposible. Fue durante este periodo de mi vida que encontré un libro de Catherine Ponder titulado *Open Your Mind to Receive [Abre tu mente para recibir]*.

Jamás consideré que el dinero, la riqueza, la prosperidad con la abundancia tuvieran que ver con recibir. Lo que aprendí cuando era niña era que debes trabajar duro para conseguir dinero, y que cuando lo tienes, tienes que hacer que dure de modo que puedas tener suficiente. Catherine Ponder me introdujo a una nueva forma de pensar. Tener lo

> TENER LO QUE NECESITAS Y DESEAS NO ES UNA RECOMPENSA POR LO QUE HACES. MÁS BIEN, LO TIENES EN FUNCIÓN DE CÓMO PIENSAS Y DE LO QUE CREES.

que necesitas y deseas no es una recompensa por lo que haces. Más bien, lo tienes en función de cómo piensas y de lo que crees. El universo de la vida responde a nuestros pensamientos dominantes. Ponder reconoció que la mayoría de las personas piensan en el dinero como una cosa: una cosa por la que debes trabajar duro para conseguir. A lo largo de las páginas de su libro descubrí que la energía positiva de lo que *deseamos* es mucho más productiva y atractiva que la energía negativa basada en el miedo de lo que *necesitamos* o queremos. También aprendí que cuando tenemos pensamientos de resentimiento acerca de alguien o algo, eso bloquea el flujo positivo de cosas buenas a nuestra vida. Me quedó claro. El dinero es algo bueno, y yo estaba impidiendo que fluyera a mi vida. Los patrones que aprendí cuando era niña eran un nivel de prevención. Todas las personas con las que todavía estaba enojada eran otras.

> CUANDO TENEMOS PENSAMIENTOS DE RESENTIMIENTO ACERCA DE ALGUIEN O ALGO, ESO BLOQUEA EL FLUJO POSITIVO DE COSAS BUENAS A NUESTRA VIDA.

Si eso significaba que mi nieto tendría una buena educación, estaba dispuesta a considerar perdonar a algunas personas. Si eso significaba que podía pagar todas las facturas y todavía tener un remanente, estaría dispuesta a probar lo que fuera. Si perdonar a mis padres, al hombre que me violó, a las personas que me han abandonado, y a las personas a las cuales yo simplemente no les gustaba significaba que podía irme a la cama por la noche, dormir en paz y despertar a la mañana siguiente sin el miedo de que alguien fuera a aparecer frente a mi puerta para llevarse algo o quitarme algo, haría lo que fuera.

Ponder decía que escribiera lo que deseaba y que me perdonara por no tenerlo. Decía que pronunciara palabras de perdón hasta que las creyera. Decía que dejara de tratar de controlar la manera como vendría el dinero y, en su lugar, diera las desgracias porque lo que deseaba ya era mío. Era difícil creer que el dinero vendría a mí sin que yo hiciera nada para hacer que eso ocurriera, pero así fue. Fue aún más difícil ajustar mi mente a aceptar que a través de perdonar a las personas que no me habían proporcionado lo que necesitaba y deseaba yo recibiría todo lo que deseaba, pero así fue. De ninguna manera fue fácil ajustarme, cambiar o vivir más allá de los patrones monetarios de mi niñez y de todos los mitos que había aprendido con respecto al dinero; sin embargo, tal y como Ponder escribió: "Existe un poder sanador en dejar ir lo que fue y que te permite recibir todo lo que es y siempre será: más que suficiente".

Recordatorios diarios del proceso de perdón

Para obtener una explicación más detallada de los Lineamientos Diarios del Proceso de Perdón, véanse las páginas 55-56.

1. Busca un lugar tranquilo donde nadie te interrumpa durante al menos 30 a 60 minutos.
2. Aquieta tu mente durante al menos 5 minutos.
3. Lee la Oración de Perdón una vez en silencio y otra, en voz alta.
4. Repasa la Lista de Disparadores Emocionales que se encuentra en las páginas 19-24.
5. Escribe en tu Diario del Perdón (Días 1-18) las 12 Afirmaciones de Perdón para el tema de cada día sobre pensar, juzgar y creer. Escribe tus Cartas de Perdón (Días 19-21).
6. Lleva a cabo tus Secuencias de *Tapping* ProEFT™ para el Perdón.
7. Procesa los pensamientos y sentimientos de manera consciente a través de las Reflexiones de Perdón de tu diario
8. Completa la práctica del día con una reflexión en silencio o con música de meditación.
9. ¡Asegúrate de hacer algo bueno por ti el día de hoy!

Me perdono por juzgar mi relación con el dinero

La Práctica de Perdón de hoy se relaciona con perdonar todo aquello que pensamos, creemos y juzgamos acerca del dinero, la riqueza y la prosperidad en todas sus formas. En *The Abundance Book*, John Randolph Price escribe que el dinero es una función de Mi Propia Cosecha Natural de Energía [*My Own Natural Energy Yield, MONEY*, dinero, en inglés]. En esencia, aquello que mantenemos en nuestra mente y en nuestro corazón fortalecerá u obstruirá nuestra capacidad de recibir, y no solamente dinero, sino todo lo que deseemos.

EL PERDÓN... INCREMENTA NUESTRA OPORTUNIDAD DE RECIBIR SIN HACER NADA.

El perdón abre la mente y el corazón, elimina los patrones y creencias de la niñez e incrementa nuestra oportunidad de recibir sin hacer nada. Hoy te animo a que recuerdes todas las historias, mitos, instrucciones y creencias que tienes acerca del dinero. Perdónalas todas y ábrete a recibir más de lo que alguna vez creíste o soñaste posible.

Una oración de perdón

Ahora consciente y voluntariamente invoco al Espíritu Santo y la conciencia de la Mente Superior YO SOY hacia cada átomo, cada molécula, cada célula, cada tejido, cada órgano, cada músculo y cada sistema vivo de mi ser, y pido que sea transformada toda energía, todo patrón, toda creencia, todo programa, toda idea, toda actitud, toda percepción, toda expectativa, toda intención y toda conducta y motivación relacionada con el dinero, la riqueza y la abundancia, y pido que todo ello sea alinie con la perfecta voluntad de Dios.

Ahora consciente y voluntariamente invocó al Espíritu Santo y la conciencia de la Mente Superior YO SOY hacia cada átomo, cada molécula, cada célula, cada tejido, cada órgano, cada músculo y cada sistema vivo de mi ser, y pido que sea transformada toda energía, todo patrón, toda creencia, todo programa, toda idea, toda actitud, toda percepción, toda expectativa, toda intención y toda conducta y motivación relacionada con el dinero, la riqueza y la abundancia, y pido que todo ello sea alinie con la perfecta voluntad de Dios.

¡Por todo esto, estoy agradecido!
¡Y así es!
—TOMADO DE EVERY DAY I PRAY

PERDÓN

DÍA 10
TRABAJO CON EL DIARIO

Perdono mi relación
con el dinero

—PERDONO A MI MENTE POR PENSAR—

EJEMPLO

Perdono a mi mente por pensar que debería tener mayor seguridad financiera de la que tengo actualmente.

Perdono a mi mente por pensar que el dinero es

_____

_____

Perdono a mi mente por pensar que el dinero no es

_____

_____

Perdono a mi mente por pensar que sin dinero no puedo

_____

_____

Perdono a mi mente por pensar que sin dinero no voy a

_____

_____

—Me perdono por juzgar—

EJEMPLO

Me perdono por juzgar al dinero como la raíz de todo mal.

Me perdono por juzgar al dinero como

_____

_____

Me perdono por juzgar al dinero como

_____

_____

Me perdono por juzgar al dinero como

_____

_____

Me perdono por juzgar al dinero como

_____

_____

—Me perdono por creer—

EJEMPLO

Me perdono por creer que debí haber ahorrado más dinero en lugar de ayudar a mis hijos.

Me perdono por creer
_____

_____

Me perdono por no creer
_____

_____

Me perdono por creer que fue equivocado considerar
_____

_____

Me perdono por creer que fue equivocado desear
_____

_____

—Secuencia de *tapping*—

GUION EXTRA DE *TAPPING* DIA 4: "PERDONO MI RELACIÓN CON EL DINERO"

Identifica el problema y evalúa el nivel de intensidad

Después de escribir tus 12 Afirmaciones de Perdón para el Día 10, el asunto específico de perdón relacionado con el dinero sobre el que deseas trabajar se está volviendo cada vez más claro. Nombra el problema. Ahora, en una escala del 0 al 10, donde 0 representa "completamente libre de pensamientos perturbadores" y 10 representa "estos pensamientos me están volviendo loco", evalúa la intensidad de los pensamientos, juicios y creencias que tienes sobre tu relación con el dinero.

Limpiar la resistencia/afirmación de reversión

La Afirmación de Reversión neutraliza cualquier resistencia subconsciente que tengas a liberar cualquier pensamiento, juicio y creencia sobre tu relación con el dinero. Reconoce tu resistencia y te hace avanzar de cualquier manera.

Ya que el dinero es una de las medidas de estatus y seguridad más grandes de la sociedad, nuestra relación con la energía del dinero no puede tomarse a la ligera sin pagar un precio muy alto. Eso es lo que seguimos aprendiendo de las secuelas de la crisis financiera estadounidense del 2008.

Utiliza la Afirmación de Reversión que encontrarás más abajo (o alguna que hayas escrito tú mismo) y repítela tres veces mientras haces *tapping* continuamente en el Punto Karate.

- Aunque estoy atorado en la falsa creencia de que no puedo tener dinero y que no hay salida para todo esto, me amo y me acepto completa y profundamente.

Afirmación de preparación

La Afirmación de Preparación te ayuda a permanecer centrado en el problema que estarás abordando durante tu sesión de *tapping*. Elige una de las Afirmaciones de Preparación que a continuación te presentamos (o utiliza alguna que hayas escrito tú mismo) y repítela tres veces mientras haces *tapping* continuamente en el Punto Karate.

- Aunque una parte de mí cree que es difícil hacer dinero y no puedo descubrir por qué tiene que ser de esa manera, me amo completa e incondicionalmente.
- Aunque nunca hay suficiente y parece que no puedo cambiar mi relación con el dinero a pesar de que deseo hacerlo, me amo y acepto cómo me siento.
- Aunque siempre trabajo muy duro para ganar dinero y nunca me pagan lo justo —quizás porque realmente no me lo he ganado o tal vez no me lo merezco— yo elijo amarme y aceptarme de cualquier manera.

Sacude las manos y toma unos cuantos sorbos de agua. Haz una respiración profunda a través de la nariz. Suelta la respiración lenta y suavemente por la boca, haciendo el sonido "Ahhhhhh".

Secuencia de *tapping*: rondas 1 a la 3

Para las Rondas 1 a la 3 de *Tapping*, haz *tapping* 7 veces en cada uno de los 10 puntos meridianos al tiempo que repites el Guion de *Tapping* que a continuación te presento, o crea tu propio guion utilizando como tus frases de recordatorio las entradas de la Afirmación para el Perdón a partir del trabajo que has hecho con tu diario. Utilizar tus propias Afirmaciones de Perdón mantendrá tu vista enfocada en tu intención de *tapping* a medida que se desarrollan las distintas dimensiones de tu proceso curativo.

RONDA 1

Haz *tapping* en los 7 puntos meridianos al tiempo que repites en voz alta ya sean las afirmaciones que se presentan abajo o tus frases de recordatorio.

Ceja:	¡Es muy difícil hacer dinero!
Costado del ojo:	Es difícil ganar dinero y es difícil retenerlo.
Debajo del ojo:	Si he creído esto durante tanto tiempo que, de hecho, se ha manifestado en mi vida.
Debajo de la nariz:	Quiere decir que realmente no me lo he ganado o no me lo merezco.
Barbilla:	Para que yo tenga dinero tengo que pagar un precio muy alto.
Clavícula:	Ganar dinero siempre involucra algún tipo de incomodidad, desafío, trampa o lucha.
Debajo del brazo:	Muchas personas que ganan mucho dinero no trabajan tan duro como yo lo hago.
Hígado:	¿Qué tal si fuera fácil tener dinero y abundancia?
Muñecas:	¿Qué tal si elijo creer que ganar, tener y retener el dinero puede ser fácil?
Coronilla:	¿Qué tal si tener dinero y abundancia realmente está en mi destino?

RONDA 2

Haz *tapping* en los 7 puntos meridianos al tiempo que repites en voz alta ya sean las afirmaciones que se presentan abajo o tus frases de recordatorio.

Ceja:	¿Hacer dinero es fácil? ¿Realmente? ¡Eso no puede ser cierto!
Costado del ojo:	¿Qué tal si me he estado aferrando a una vieja distorsión?
Debajo del ojo:	¿Qué tal si tener dinero realmente tiene que ver con que cambie mi manera de pensar?
Debajo de la nariz:	¿Qué tal si tiene que ver con creer que merezco tener lo que deseo?
Barbilla:	¿Qué tal si necesito dinero y Dios quiere que yo lo tenga?
Clavícula:	Todo es energía.
Debajo del brazo:	¿Qué tal si el dinero es simplemente energía y abro mi mente a la energía del dinero?
Hígado:	¿Puedo aceptar la verdad de que Dios quiere que yo tenga dinero y abundancia?
Muñecas:	¿Es posible dejar ir la falsa creencia de que no soy digno de recibir?
Coronilla:	¿Puedo dejar ir toda resistencia inconsciente a la abundancia y la prosperidad?

RONDA 3

Haz *tapping* en los 7 puntos meridianos al tiempo que repites en voz alta ya sean las afirmaciones que se presentan abajo o tus frases de recordatorio.

Ceja:	Ahora elijo soltar toda falsa creencia sobre el dinero de cada tejido, célula y músculo de mi cuerpo.
Costado del ojo:	Ahora elijo tener todo el dinero que necesito y deseo
Debajo del ojo:	Ya no tengo miedo al dinero.
Debajo de la nariz:	Ahora estoy abierto a que el dinero venga a mí fácilmente.
Barbilla:	Estoy dispuesto a tener dinero.
Clavícula:	Estoy dispuesto a recibir dinero.
Debajo del brazo:	Con agradecimiento y alegría ahora permito que venga a mi vida más dinero y prosperidad.
Hígado:	Estoy abierto a tener dinero para gastar y compartir.
Muñecas:	Ahora espero que venga a mí la abundancia y todo lo bueno.
Coronilla:	¡El dinero es mi amigo! Tengo una extraordinaria y saludable relación con el dinero.

Vuelve a evaluar el nivel de intensidad

Vuelve a evaluar el nivel de intensidad sobre el hecho de no perdonarte. Si el nivel se encuentra en 8 o más arriba, repite en su totalidad la Secuencia de Tapping de 3 Rondas descrita en el Guion Extra de *Tapping* (o el guion que tú mismo hayas creado).

Si el nivel es inferior a 8, haz *tapping* sobre las siguientes Afirmaciones Modificadas de Preparación, y luego lleva a cabo la Secuencia de *Tapping* de 10 puntos que se encuentra en las 12 Afirmaciones de Perdón de tu diario.

AFIRMACIÓN MODIFICADA DE PREPARACIÓN

Utiliza la Afirmación Modificada de Preparación que presentamos abajo (o utiliza alguna que hayas escrito tú mismo) y repítela tres veces mientras haces *tapping* continuamente en el Punto Karate.

- Aunque todavía tengo algunos juicios recalcitrantes sobre mí mismo y cierta resistencia a dejarlos ir, estoy dispuesto a dejarlos ir, y me amo y me acepto completa e incondicionalmente.

Después de completar la Secuencia de *Tapping* sobre tus Afirmaciones de Perdón, vuelve a evaluar el nivel de intensidad sobre la falta de perdón con respecto al dinero.

Dependiendo del nivel en el que te encuentres, continúa repitiendo la secuencia descrita arriba hasta que te encuentres en un nivel de intensidad 0.

—REFLEXIONES—

_____

_____

_____

_____

_____

_____

_____

_____

_____

_____

_____

El estado mental del perdón es un poder
magnético para atraer lo bueno.

—CATHERINE PONDER

Perdono a mi trabajo, mi empleo o mi profesión

Más allá de todo esto, hay un mundo que deseo.

El perdón me llevará ahí.

Depende de mí visualizar que hay algo más por lo cual tener esperanza; algo más satisfactorio, lleno de alegría y capaz de ofrecer paz a mi mente y paz a mi vida. Más allá de la aparente desesperanza hay un mundo brillante y luminoso de mayor esperanza, de mayor aspiración, donde hay milagros presentes en todas partes porque, intencionalmente, solo mantengo imágenes de milagros en mi mente. A medida que me permito perdonarme por creer en la desesperanza del mundo, los milagros se manifiestan a mi alrededor.

—ORACIÓN TOMADA DE *CUADERNO DE TRABAJO DE UN CURSO DE MILAGROS,* LECCIÓN 129

— Historia de un Amigo del Perdón, por Caryn Daniels—

Al igual que le ocurre a muchas personas, no me gustaba mi trabajo. No me gustaba dónde se ubicaba. Mis tareas diarias me aburrían. En secreto me disgustaban muchas de las personas con las que trabajaba, y no tenía respeto ni confianza hacia mis supervisores. Iba a trabajar todos los días porque tenía hijos que alimentar y renta que pagar. Sin embargo, no siempre fue así. Comencé con gran entusiasmo en mi puesto, estaba satisfecha con mi paga, y tenía la esperanza de avanzar en esta compañía de tamaño mediano. Desde ver políticas de oficina que llevaban a competir por posiciones, ser pasada por alto cuando había disponibles promociones, hasta experimentar exigencias financieras que mi salario no cubría, entré en un estado de miseria. Luego recibí una carta de despido y mis sentimientos rápidamente cambiaron.

> MI AMIGA... ME DIJO QUE YO HABÍA SIDO DESAGRADECIDA Y... DESPERDICIANDO MIS DONES

Alrededor de la época en la que mis beneficios por desempleo se estaban terminando, una amiga me llamó la atención sobre mi actitud con respecto al trabajo. Me recordó lo frecuente que habían sido mis quejas sobre las condiciones y las personas. Eso llevó a una discusión más profunda sobre qué quería realmente hacer y por qué no estaba haciéndolo. Lo que finalmente descubrimos fue que tenía miedo: miedo de pedir lo que quería, miedo de defenderme, miedo de no estar a la altura para poder hacer lo que realmente deseaba hacer. En respuesta a mis miedos, culpaba a otras personas por lo que yo consideraba su fracaso en reconocerme. La conversación no quedó ahí.

Mi amiga, que era una empresaria en apuros, me dijo que yo había sido desagradecida y que había estado desperdiciando mis dones. Ella sabía que me había costado trabajo ir a la escuela nocturna para obtener mi licenciatura. También sabía que había aceptado un trabajo que no me gustaba, creyendo que no sobreviviría haciendo el trabajo que sí quería hacer. Mientras me defendía, utilizando todos los argumentos normales que tienen las personas para no ir tras sus sueños, derribó de un solo golpe mi argumento diciendo: "Ese trabajo te dio comida, ropa y casa durante ocho años, y jamás dijiste gracias. Evaluaste lo que ellos esperaban, te devaluaste en el proceso, y no diste lo mejor de ti al mundo. El trabajo no solo consiste en que te paguen lo que vales. Tiene que ver con utilizar tus dones, con compartir lo mejor de ti y utilizar lo que te da alegría para hacer que la vida de alguien más sea mejor".

> EL TRABAJO NO SOLO CONSISTE EN QUE TE PAGUEN LO QUE VALES. TIENE QUE VER CON UTILIZAR TUS DONES... PARA HACER QUE LA VIDA DE ALGUIEN MÁS SEA MEJOR.

Me enseñaron a creer que trabajas para ganar dinero porque necesitas dinero para vivir. También me enseñaron a creer que necesitas una buena educación para obtener un buen empleo, y que tu paga debe ser una muestra de lo que vales. Jamás se me ocurrió que trabajar es la manera en la que compartimos nuestros dones con el mundo y que debería estar agradecida por esa oportunidad. Tengo que admitir que realmente me daba miedo pedir lo que yo pensaba merecía y que estaba agradecida de que alguien me contratara, aunque no me pagaran lo suficiente. Y si no me pagaban lo suficiente, ¿por qué habría de estar agradecida? Bueno, según me dijo mi amiga: "Porque tu valor lo llevas contigo en tu actitud y tu energía". ¡Vaya! Otra nueva idea.

Pasé muchos días pensando en lo que mi amiga me había dicho al tiempo que se iban desvaneciendo mis beneficios por desempleo. La mayor parte de sus palabras no tenían sentido. Lo que finalmente me abrió los ojos y el corazón fue la parte sobre "utilizar tus dones para hacer que la vida de alguien más sea mejor". Yo tenía una licenciatura en contabilidad, pero lo que realmente me gustaba era pintar. Me encantaba pintar y decorar. Jamás me dediqué a la decoración de interiores como profesión porque… tenía miedo de que eso no me proporcionara lo que necesitaba para sobrevivir. También tenía miedo de no ser suficientemente buena para competir en ese ámbito. En lugar de ello, para ganar dinero, elegí trabajar en algo que no me daba alegría. Tenía también algunas reservas sobre cómo responderían las personas a una madre que pintara paredes para ganarse la vida. Juzgué que lo que me daría alegría también me traería vergüenza y críticas. ¿A quién se le ocurriría contratar a una mujer para que pintara su casa?

Me costó 35 dólares poner un anuncio en el periódico comunitario. Recibí cuatro llamadas y tomé dos de los trabajos. Mis primeros dos clientes me recomendaron con otros tres. Han pasado cuatro años desde que compré mis primeras dos brochas y seis rodillos. Ahora tengo tres empleados y una camioneta. Estoy inscrita en un curso de decoración de interiores y voy a graduarme en nueve meses. Si no hubiera pasado tanto tiempo haciendo algo que me hacía sentir tan miserable, jamás habría aprendido a apreciar el hecho de hacer lo que me hace sentir feliz. Ya me he perdonado por eso muchas veces. Estoy agradecida por la alegría y la emoción de salir a trabajar todos los días.

SI NO HUBIERA PASADO TANTO TIEMPO HACIENDO ALGO QUE ME HACÍA SENTIR TAN MISERABLE, JAMÁS HABRÍA APRENDIDO A APRECIAR EL HECHO DE HACER LO QUE ME HACE SENTIR FELIZ.

Recordatorios diarios del proceso de perdón

Para obtener una explicación más detallada de los Lineamientos Diarios del Proceso de Perdón, véanse las páginas 55-56.

1. Busca un lugar tranquilo donde nadie te interrumpa durante al menos 30 a 60 minutos.
2. Aquieta tu mente durante al menos 5 minutos.
3. Lee la Oración de Perdón una vez en silencio y otra, en voz alta.
4. Repasa la Lista de Disparadores Emocionales que se encuentra en las páginas 19-24.
5. Escribe en tu Diario del Perdón (Días 1-18) las 12 Afirmaciones de Perdón para el tema de cada día sobre pensar, juzgar y creer. Escribe tus Cartas de Perdón (Días 19-21).
6. Lleva a cabo tus Secuencias de *Tapping* ProEFT™ para el Perdón.
7. Procesa los pensamientos y sentimientos de manera consciente a través de las Reflexiones de Perdón de tu diario
8. Completa la práctica del día con una reflexión en silencio o con música de meditación.
9. ¡Asegúrate de hacer algo bueno por ti el día de hoy!

Me perdono por juzgar mi trabajo, mi empleo o mi carrera

La práctica de hoy se relaciona con perdonar nuestras decisiones, conductas y actitudes relacionadas con el trabajo y la profesión. Cada uno de nosotros posee un don que puede compartir con el mundo. Para algunas personas, esos dones son suficientes para ganarnos la vida. Otras, pueden utilizar sus dones en un área mientras que se ganan la vida en otra. Cuandoquiera que llevamos a cabo nuestro trabajo al máximo de nuestra capacidad con un corazón conectado con el Espíritu podemos transformar un acto de trabajo en un acto de adoración. Ya sea que estés en un elevador, en la sala de juntas o en el baño, trabajar con otras personas ofrece una increíble oportunidad de revelar tu naturaleza más noble.

> PODEMOS TRANSFORMAR UN ACTO DE TRABAJO EN UN ACTO DE ADORACIÓN.

La clave se encuentra en estar agradecidos por los escenarios que elijamos y por aquellos en los que nos encontremos. El asunto es perdonarnos por los juicios que hemos hecho sobre el trabajo que hacemos, las personas con las que trabajamos y el valor que damos al trabajo que llevamos a cabo. Cuando hacemos nuestro trabajo con excelencia, integridad y positivismo podemos convertirnos en el corazón y las manos de Dios en el mundo.

Una oración de perdón

Bendito Dios Padre, santa Dios Madre:

Hoy quiero agradecerles la oportunidad perfecta de compartir mis dones con el mundo. Te agradezco por abrir mi mente y mi corazón a las oportunidades abundantes que tienen para mí para servir a Su propósito en mi vida. Te agradezco por guiarme y dirigirme hacia la situación perfecta, con las personas perfectas que pueden beneficiarse de todo lo que yo tengo para ofrecer. Te agradezco por abrir mis ojos y mi corazón para conocer y abrazar mi valor y mi valía. Te agradezco por guiarme a mi posición ideal con una compensación abundante. Tú prometiste que si yo daba mi atención a lo que tú deseabas para mí, tú te harías cargo de todas las necesidades y dificultades con las que me enfrente. Como tú me has dado la capacidad de crear mi propia realidad, ahora declaro que la perfecta situación laboral y los pasos siguientes más apropiados se desarrollan fácilmente con tu gracia.

Por esto estoy agradecido.

¡Que así sea!
¡Y así es!

PERDÓN

Perdono mi trabajo, mi empleo o profesión

—Perdono a mi mente por pensar—

EJEMPLO

Perdono a mi mente por pensar que las personas con las que trabajo son la razón por la que me siento infeliz en mi trabajo.

Perdono a mi mente por pensar que mi trabajo es

_____

_____

Perdono a mi mente por pensar que mi trabajo no es

_____

_____

Perdono a mi mente por pensar que mi profesión es

_____

_____

Perdono a mi mente por pensar que mi profesión no es

_____

_____

—ME PERDONO POR JUZGAR—

EJEMPLO

Me perdono por juzgar el trabajo que hago como insignificante e inútil.

Me perdono por juzgar

_____

_____

Me perdono por juzgar

_____

_____

Me perdono por juzgar

_____

_____

Me perdono por juzgar

_____

_____

—Me perdono por creer—

EJEMPLO

Me perdono por creer que no puedo hacer lo que me gusta hacer y ganar el dinero que necesito para prosperar en la vida.

Me perdono por creer
_____

_____

Me perdono por creer
_____

_____

Me perdono por creer
_____

_____

Me perdono por creer
_____

_____

—Secuencia de *Tapping*—

Repasa los Lineamientos Básicos de la Secuencia de *Tapping* que se encuentran en las páginas 63-69.

1. Repasa en voz alta cada una de las 12 Afirmaciones de Perdón del día. Esto te ayudará a identificar los aspectos específicos del problema sobre el cual quieres hacer *tapping*.

2. Evalúa en una escala del 1 al 10 el nivel de intensidad de cualquier falta de perdón que tengas sobre el tema del día. Escribe el número.

3. Neutraliza toda resistencia subconsciente. Repite una Afirmación de Reversión 3 veces mientras haces *tapping* continuamente en el Punto Karate.

4. Concéntrate en el problema sobre el cual estarás haciendo *tapping*. Repite una Afirmación de Preparación 3 veces mientras haces *tapping* continuamente en el Punto Karate.

5. Haz *tapping* 7 veces en cada uno de los 10 puntos meridianos al tiempo que repites en voz alta los detalles clave de las 12 Afirmaciones de Perdón. Puedes basarte en los Guiones Extra de *Tapping*.

6. Vuelve a evaluar el nivel de intensidad sobre cualquier falta de perdón que tengas acerca del tema del día. Escribe el número. Si el nivel se encuentra en 8 o más arriba, repite toda la secuencia. Si el nivel está por debajo de 8, haz *tapping* sobre la Afirmación de Preparación Modificada, y luego lleva a cabo la Secuencia de *Tapping* de 10 puntos Afirmaciones basándote en tus 12 Afirmaciones de Perdón hasta que te encuentres en un nivel 0 de intensidad.

—Reflexiones—

_____

_____

_____

_____

_____

_____

_____

_____

_____

_____

Perdonar tenía que ver con soltar y seguir con mi
vida. Al hacerlo, finalmente pude liberarme.

—ISABEL LÓPEZ, *ISABEL'S HAND-ME-DOWN DREAMS*

Perdono a las mujeres

Permito que el perdón se manifieste en todas las cosas.

Luego el perdón me será dado.
La llave está en mis manos, y ya he llegado a la puerta.
Padre, te agradezco por los medios que tengo para soltar mi
enojo, mis heridas que están en conflicto con Tu don de amor.
Perdono los pensamientos de mi mente que hacen que el amor sea
condicional. La llave está en mis manos, y he llegado a la puerta
que me permite perdonar todas las cosas y a todas las personas.

—ORACIÓN TOMADA DE *CUADERNO DE
TRABAJO DE UN CURSO DE MILAGROS*
LECCIÓN 342

— Historia de un Amigo del Perdón, por Vikki Lemar—

Ella era mi hermana mayor; por lo tanto, debió ser más sensata. Debió haber sabido que yo la admiraba y confiaba en ella. Debió haber sabido que esperaba que me protegiera y estuviera de mi lado. Debió haber sabido que ella era el modelo que yo usaba para evaluar a todas las mujeres. No es algo que alguna vez hayamos discutido, pero… ella debió saberlo y me hizo desconfiar de todas las mujeres, incluyéndome a mí misma.

Puede resultar desafiante para una mujer confiar en otra mujer porque a menudo se nos enseña a no confiar en nosotras mismas. Entonces, dudamos de nuestras capacidades, decisiones e instintos. Podemos volvernos críticas con aquellas mujeres que nos rodean y que superan nuestras limitaciones percibidas. Esta crítica puede adoptar la forma de chismes, traiciones y juicios injustificados. Las mujeres también tienen mayor tendencia que los hombres a compararse entre sí. Nosotras a menudo medimos nuestro valor al compararnos con el peso, el tamaño de los pechos, la complexión, la profesión, el estatus financiero, el intelecto, el estilo personal, el estatus marital y cualquier otro aspecto de su vida. La comparación es un acto de violencia contra uno mismo. También lleva a juicios y celos hacia aquellas personas que consideramos "mucho mejores" que nosotros. Si no somos nosotros quienes estamos haciendo la comparación, entonces somos aquellas

> **LA COMPARACIÓN ES UN ACTO DE VIOLENCIA CONTRA UNO MISMO.**

contra quienes otras mujeres se miden. En cualquier caso, la comparación, los juicios y los celos pueden llevar a una conducta espantosa.

Las mujeres también tienen expectativas elevadas sobre sí mismas, a menudo expectativas exageradamente elevadas. Cuando no pueden vivir conforme a esas expectativas, a menudo proyectan sus debilidades y fracasos en otras mujeres. Vemos en otras aquellas cosas que no podemos ver o aceptar en nosotras mismas. Cuando esto ocurre, juzgamos a otras mujeres por aquellas cosas que nos disgustan de nosotras mismas. El ciclo de comparación, proyección y juicio a menudo trae como resultado ataques verbales y emocionales despiadados entre las mujeres. Eso fue lo que ocurrió entre mi hermana y yo.

Todos tenemos personas en nuestra vida que establecen el molde de cómo tratamos a otros y cómo esperamos que nos traten. Mi hermana me enseñó la mayoría de lo que necesitaba a conocer sobre ser mujer y qué esperar de las mujeres. Me enseñó que las mujeres son hermosas y poderosas. Me enseñó que las mujeres son sensibles y sensuales. Algunas de estas cosas las aprendí observándola; otras, las aprendí escuchándola. Mi hermana me enseñó que las mujeres pueden también ser frías y groseras. Me enseñó que puedes depender de las mujeres solo en ocasiones… y, luego, cuando se enamoran, te dejarán por la persona que les interesa.

Mi hermana me enseñó que ciertas amigas mujeres sirven mejor que otras, y que algunas mujeres jamás pueden ser tus amigas. Raramente me explicó esto porque era mi hermana mayor. Todo lo que tenía que hacer er observar, escuchar y copiar. Hice todo lo arriba mencionado hasta que ui hermana me dijo que yo era grosera y fría, engañosa y soplona, desagradable y que, simplemente, estaba equivocada con respecto a todo.

> CUANDO APRENDÍ A PERDONAR A MI HERMANA, APRENDÍ A PERDONARME A MÍ MISMA POR TODAS LAS VECES QUE HICE A OTRAS MUJERES LO QUE YO PENSABA QUE ELLA ME HABÍA HECHO A MÍ.

Fue una de sus amigas la que inició la conversación diciendo que yo me creía más que las demás. No tenía idea de lo que hablaba. Mi hermana se extendió dando todos los detalles, criticando mi estatura y mi ropa. Continuó diciendo que yo iba la universidad y "andaba por toda la ciudad" como una evidencia que probaba que lo que su amiga decía era válido. Eso llevó a un recuento de mis fracasos en relaciones, elección de carrera y obligaciones financieras. La crítica era una cosa; la traición de mi confianza era otra. Sin embargo, fueron las burlas y las mofas lo que hizo añicos mi corazón. Mientras ellas continuaban golpeando una y otra vez, me quedó claro que muchas de las cosas que había dicho a mi hermana como confidencias ella se las había revelado a su amiga, quien ahora estaba utilizando esa información como un mazo para golpearme. Eso fue horrible y muy doloroso, y un golpe mortal para mi relación con mi hermana.

Fueron 13 años, la muerte de mi padre, un divorcio (suyo, no mío) y un brote de cáncer de seno lo que me enseñó que tenía que perdonarla. Cuando la vi toda frágil y calva me di cuenta que sin importar nada, ella seguía siendo mi hermana mayor, y extrañaba tener una conexión con ella. Cuando hablé con ella, me di cuenta de todas las mujeres de mi vida a las que había hecho a un lado y de las que me había desconectado debido a nuestra relación. Mientras hablábamos por primera vez en muchos años, llegué a comprender que, desde su punto de vista, lo que había hecho no tenía significado alguno. Pensaba que me estaba corrigiendo. No tenía idea de que me estaba juzgando. Pensó que estaba molesta por lo que su amiga había dicho, y, lo más importante, ella me había hecho lo que consideraba le habían hecho muchas otras mujeres, incluyendo nuestra madre. Como dije, todos tenemos personas en nuestra vida que establecen el molde de cómo tratamos a los demás y cómo esperamos que ellas nos traten. Cuando aprendí a perdonar a mi hermana, aprendí a perdonarme a mí misma por todas las veces que hice a otras mujeres lo que yo pensaba que ella me había hecho a mí.

Recordatorios diarios del proceso de perdón

Para obtener una explicación más detallada de los Lineamientos Diarios del Proceso de Perdón, véanse las páginas 55-56.

1. Busca un lugar tranquilo donde nadie te interrumpa durante al menos 30 a 60 minutos.
2. Aquieta tu mente durante al menos 5 minutos
3. Lee la Oración de Perdón una vez en silencio y otra, en voz alta.
4. Repasa la Lista de Disparadores Emocionales que se encuentra en las páginas 19-24.
5. Escribe en tu Diario del Perdón (Días 1-18) las 12 Afirmaciones de Perdón para el tema de cada día sobre pensar, juzgar y creer. Escribe tus Cartas de Perdón (Días 19-21).
6. Lleva a cabo tus Secuencias de *Tapping* para el Perdón ProEFT™.
7. Procesa los pensamientos y sentimientos de manera consciente a través del tu Reflexiones de Perdón de tu Diario
8. Completa la práctica del día con una reflexión en silencio o con música de meditación.
9. ¡Asegúrate de hacer algo bueno por ti el día de hoy!

Me perdono por juzgar a las mujeres

La práctica de hoy se relaciona con limpiar y dejar ir las heridas, sufrimientos y juicios que puedas tener relacionados con las mujeres o en contra de ellas. Nuestra experiencia y expectativas acerca de las mujeres comienzan con nuestra madre. Existe la posibilidad de que si tenemos juicios sobre nuestra madre, estos se extenderán hacia otras mujeres. Si eres mujer también es importante que tomes en cuenta los juicios que tienes sobre ti misma. Muy a menudo estos pueden proyectarse, y de hecho, se proyectarán a otras mujeres.

En nuestra experiencia diaria seguramente nos encontraremos con personas, tanto hombres como mujeres, que simple y sencillamente tienen un mal comportamiento. Con el fin de sanarnos de estos encuentros es importante que examinemos cuidadosamente nuestras propias proyecciones y juicios. Muy a menudo las cosas que detestamos y juzgamos en otros son un reflejo de aquello que no podemos aceptar en nosotros mismos. El impacto de una falta de autoaceptación se intensifica en las relaciones entre las mujeres.

> LAS COSAS QUE DETESTAMOS Y JUZGAMOS EN OTROS SON UN REFLEJO DE AQUELLO QUE NO PODEMOS ACEPTAR EN NOSOTROS MISMOS.

Una oración de perdón

Amado Dios:

Enséñame a aceptarme de modo que acepte a todas las mujeres.
Enséñame a apreciarme de modo que aprecie todas las mujeres.
Enséñame a honrarme de modo que honre a todas las mujeres.
Enséñame a respetarme de modo que respete a todas las mujeres.
Enséñame a confiar en mí misma de modo que confíe en todas las mujeres.
Enséñame a amarme de modo que ame a todas las mujeres.
Enséñame a perdonarme de modo que perdone a todas las mujeres.

Abro mi corazón.

Perdono.

¡Que así sea!

¡Y así es!

PERDÓN

Perdono a las mujeres

—Perdono a mi mente por pensar—

EJEMPLO

Perdono a mi mente por pensar que las mujeres se aprovechan de mí.

Perdono a mi mente por pensar que las mujeres son
_____

_____

Perdono a mi mente por pensar que las mujeres no son
_____

_____

Perdono a mi mente por pensar que las mujeres siempre
_____

_____

Perdono a mi mente por pensar que las mujeres nunca
_____

_____

—ME PERDONO POR JUZGAR—

EJEMPLO

Me perdono por juzgar a las mujeres como estúpidas en lo referente a elegir hombres.

Me perdono por juzgar a las mujeres como

_____

_____

Me perdono por juzgar a las mujeres como

_____

_____

Me perdono por juzgar a las mujeres como

_____

_____

Me perdono por juzgar a las mujeres como

_____

_____

—ME PERDONO POR CREER—

EJEMPLO

Me perdono por creer que todas las mujeres son chismosas y no puede confiarse en ellas.

Me perdono por creer
_____

_____

Me perdono por creer
_____

_____

Me perdono por creer
_____

_____

Me perdono por creer
_____

_____

—SECUENCIA DE *TAPPING*—

Repasa los Lineamientos Básicos de la Secuencia de *Tapping* que se encuentran en las páginas 63-69.

1. Repasa en voz alta cada una de las 12 Afirmaciones de Perdón del día. Esto te ayudará a identificar los aspectos específicos del problema sobre el cual quieres hacer *tapping*.

2. Evalúa en una escala del 1 al 10 el nivel de intensidad de cualquier falta de perdón que tengas sobre el tema del día. Escribe el número.

3. Neutraliza toda resistencia subconsciente. Repite una Afirmación de Reversión 3 veces mientras haces *tapping* continuamente en el Punto Karate.

4. Concéntrate en el problema sobre el cual estarás haciendo *tapping*. Repite una Afirmación de Preparación 3 veces mientras haces *tapping* continuamente en el Punto Karate.

5. Haz *tapping* 7 veces en cada uno de los 10 puntos meridianos al tiempo que repites en voz alta los detalles clave de las 12 Afirmaciones de Perdón. Puedes basarte en los Guiones Extra de *Tapping*.

6. Vuelve a evaluar el nivel de intensidad sobre cualquier falta de perdón que tengas acerca del tema del día. Escribe el número. Si el nivel se encuentra en 8 o más arriba, repite toda la secuencia. Si el nivel está por debajo de 8, haz *tapping* sobre la Afirmación de Preparación Modificada, y luego lleva a cabo la Secuencia de Tapping de 10 puntos Afirmaciones basándote en tus 12 Afirmaciones de Perdón hasta que te encuentres en un nivel 0 de intensidad.

—REFLEXIONES—

_____

_____

_____

_____

_____

_____

_____

_____

_____

_____

Puedo tener paz mental solo cuando perdono y no juzgo.
—GERALD JAMPOLSKY

Perdono a los hombres

No dejes que ate a tu hijo con las leyes que yo hice.

Él no está atado a mí excepto por las creencias que tengo sobre él.
Mi única función consiste en perdonar las creencias que me atan al
dolor en el cuerpo temporal-espacial. Yo no estoy atado.
Estoy libre en el momento en el que dejo ir las falsas creencias, las
estúpidas falsas creencias sobre lo que soy
y quién soy; sobre lo que ellos son y quiénes son.
Mi única función consiste en perdonar lo que yo creía que
estaba permitiendo que el amor tomara su lugar.

—ORACIÓN TOMADA DE *CUADERNO DE
TRABAJO DE UN CURSO DE MILAGROS*,
LECCIÓN 227

—Historia de perdón, por Iyanla Vanzant—

A pesar de todas mis dudas y recelos, en verdad pensaba que nos llevábamos bastante bien. Nos habíamos conocido durante varios años antes de que nuestra relación se volviera sexual e íntima. Teníamos un saludable respeto por el espacio y las responsabilidades del otro como profesionales. Nos divertíamos mucho caminando, hablando, riendo y llevando a cabo cosas sencillas como preparar palomitas y comer mientras estábamos acostados en la cama. Realmente me sentía muy bien, y yo pensaba que él sentía lo mismo. ¡Vaya que me equivoqué! Sin ningún tipo de advertencia o provocación, y después de tres años de mi primera relación sana, empacó sus cosas y se fue, diciendo "No soy el hombre que necesitas". Eso fue todo. No dio ninguna otra explicación. Francamente, no era necesaria. ¡Él era un hombre! Todos engañan, mienten, obtienen lo que quieren, y te dejan rascándote la cabeza, desconcertada y con el corazón roto. Simplemente pensé que él era distinto. Yo quería que fuera distinto. Me rompió el corazón el hecho de que no fuera diferente, y me puse como loca porque no me lo esperaba.

He pasado la mayor parte de mi vida adulta tratando de descubrir quién ser, cómo ser y qué ser para mantener a un hombre interesado y comprometido en una relación. He utilizado la comida como una forma de llegar a su estómago y a su corazón. He sido evasiva y tímida, indefensa y dependiente, independiente y poderosa, y nada de eso ha funcionado. Les he preguntado qué es lo que quieren. He escuchado que lo que desean es a mí. Eso solo duraba hasta que alguien más joven, más vieja, más inteligente, más delgada, más gorda, o más experimentada aparecía. Cuando eso no funcionaba, iba cambiando en el camino. Con ese fin, me comportaba necesitada, con altibajos emocionales, mandona, exigente, demasiado dependiente, demasiado independiente, enojada, pasiva, agresiva o agradable, pero los tiempos no eran los correctos. Para cuando cumplí 45 años, decidí que todos los hombres estaban locos, que no podía confiarse en ellos y que viviría el resto de mi vida con Bob, ni "novio que opera con baterías". Gracias a Dios tengo amigos hombres cercanos que no tienen interés sexual en mí para ayudarme a comprenderlo todo.

> LA RAZÓN POR LA QUE SIGUES ATRAYENDO A LOS QUE SE VAN ES PORQUE ESPERAS QUE LO HAGAN.

Al igual que muchas mujeres, tenía numerosas historias de traición, decepción, corazón roto y vileza que había colgado en el gancho de los "hombres". Podía haberte dicho santo y seña de lo que había hecho por ellos y de lo que ellos no habían hecho por mí. Utilicé los detalles sórdidos de mis historias como una excusa para hablar mal de los hombres, juzgarlos, desconfiar de ellos, esperar poco de ellos, y entregarme a regañadientes mientras esperaba que el hacha cayera sobre mi cuello. A decir verdad, podría admitir que aun cuando estaba recostada en la cama con mi cabeza descansando en su pecho, chupándome la mantequilla que quedaba en mis dedos, había varios pensamientos persistentes rondando en el fondo de mi mente: *Me pregunto ¿qué quiere de mí realmente?* ¡Esto es demasiado bueno para ser verdad! Debe tener otra mujer en alguna parte. Me pregunto cuándo y cómo va a dejarme. Lo que mis amigos hombres me señalaron era que si yo lo pensaba, él lo sentía. Uno fue tan lejos como para decir: "La razón por la que sigues atrayendo a los que se van es porque esperas que lo hagan. No vas a obtener lo que deseas hasta que comprendas lo que esperas". ¿Qué diablos...?! ¡Él es hombre! ¡Está loco!

Me tomó un minuto recuperarme, pero cuando pensé en lo que había dicho, todo cobró sentido. Yo había visto a mi padre, a mis tíos, a mi hermano e incluso a mi hijo —solo en una ocasión— tratar a las mujeres de sus vidas de una manera menos que honorable. Vi a mi madrastra, a mis tías y a muchas de mis mejores amigas llorar a más no poder debido a que los hombres de su vida habían traicionado su confianza y su amor. Lo que observé cuando era niña y adolescente, aunado a mis propias experiencias cuando era joven, me habían dejado enojada, suspicaz, crítica y, bueno, lo admito, amargada. Había amado a un hombre la mayor parte de mi vida solo para que me dejara no una ni dos veces, sino cuatro por alguien más. Vi a mi hija luchar durante 15 años en una relación. Ayudé a mi hermana a empacar y huir por la noche de una relación de 12 años. En algún punto de mi mente no solo tenía amargura por lo que había visto y experimentado, sino que realmente no quería pasar por ello ni tener algo que ver con un hombre otra vez. ¿Cómo era esto posible? Lo que estaba persiguiendo era justamente lo que no deseaba. Lo que anhelaba era exactamente lo mismo a lo que le tenía

> PERDONO A MI MENTE POR CREER QUE LO QUE FUE, ES LO QUE SIEMPRE TIENE QUE SER.

miedo, ¡y toda la culpa la tenían *ellos*! ¡Los hombres y sus formas desagradables, groseras y rudas eran total y absolutamente responsables de la locura que yo estaba experimentando! Sin embargo, una vez más, si solo puedo atraer lo que espero, ¿qué iba a hacer con todas las heridas, la tristeza, el sufrimiento, el enojo y el miedo que se había acumulado como resultado de lo que había visto y experimentado? ¡Perdonarlo! ¡Maldición!

No es fácil ser una reina o un alma que perdone. *Te perdono, papá, por jamás haber estado conmigo y por decepcionarme cuando estabas presente.* Perdonar significa que debes estar dispuesto a ver las cosas de manera distinta a pesar del dolor que sientes. *Los perdono, tíos, primos, y amigos de la familia por violar mi inocencia con sus desviaciones sexuales.* Cuando pasas más tiempo estando enojado, lastimado y molesto por lo que ocurrió, lo más probable es que estés obstruyendo la puerta de lo posible. *Te perdono, hermano, por abandonarme cuando más se necesitaba.* Es imposible que expreses, aceptes o demuestres verdadero amor incondicional hasta que perdones a quienes no sabían cómo amarte. *Las perdono, mujeres de mi vida, a ustedes que permanecieron en el dolor por más tiempo de lo que era necesario o productivo.* Una vez que estés dispuesto a dejar ir todo, Dios abrirá un nuevo espacio en tu corazón y reprogramará tu cerebro para conocer, recibir y expresar amor de maneras saludables. *Me perdono a mí misma por creer que la idea que me formé de quienes eran ellos es la verdad con la que tuve que vivir durante varios años de mi vida.* El perdón no es tarea fácil, y tampoco es para los débiles. Sin embargo, el perdón es el requisito mínimo diario para una vida saludable, satisfactoria y significativa. *Perdono a mi mente por creer que lo que fue, es lo que siempre tiene que ser.*

Recordatorios diarios del proceso de perdón

Para obtener una explicación más detallada de los Lineamientos Diarios del Proceso de Perdón, véanse las páginas 55-56.

1. Busca un lugar tranquilo donde nadie te interrumpa durante al menos 30 a 60 minutos.
2. Aquieta tu mente durante al menos 5 minutos.
3. Lee la Oración de Perdón una vez en silencio y otra en voz alta.
4. Repasa la Lista de Disparadores Emocionales que se encuentra en las páginas 19-24.
5. Escribe en tu Diario del Perdón (Días 1-18) las 12 Afirmaciones de Perdón para el tema de cada día sobre pensar, juzgar y creer. Escribe tus Cartas de Perdón (Días 19-21).
6. Lleva a cabo tus Secuencias de *Tapping* ProEFT™ para el Perdón.
7. Procesa los pensamientos y sentimientos de manera consciente a través de las Reflexiones de Perdón de tu diario.
8. Completa la práctica del día con una reflexión en silencio o con música de meditación.
9. ¡Asegúrate de hacer algo bueno por ti el día de hoy!

Me perdono por juzgar a los hombres

La práctica de hoy se relaciona con perdonar a los hombres. Si eres un hombre, quizás necesitas perdonar a tu padre, tu hermano o a otra figura masculina que te haya causado un daño, dolor o decepción en tu vida. Si eres mujer, quizás necesitas perdonar a aquellos hombres a los que has amado o que se han rehusado a amarte; a aquellos que te han lastimado, avergonzado y abandonado; o a aquellos que te dejaron lastimada o herida. En nuestro mundo, la energía masculina representa la autoridad, el poder y la fuerza. Cuando tenemos imágenes distorsionadas y dolorosas de los hombres y la masculinidad, muy a menudo nos encontramos en relaciones disfuncionales con toda clase de poder y autoridad. Esto significa que cuando la necesitamos más, nuestra fortaleza desaparece. Ábrete al hecho de considerar la gloriosa posibilidad que yace justo más allá de cómo has visto, considerado y te has relacionado con la energía masculina del Creador que está personificada en todos los hombres.

> PERDONA A LOS HOMBRES QUE HAS AMADO O A AQUELLOS QUE SE HAN REHUSADO A AMARTE.

Una oración de perdón

Amado Dios:

Hoy te pido que me abras para recibir la curación y restauración de mi mente, mi corazón y de todas mis relaciones con los hombres. Confieso que no siempre he sido amable o amorosa con los hombres. Confieso que he tenido juicios sobre los hombres y en contra de ellos. Confieso que he permitido que pensamientos y creencias no amables, no amorosas y de juicio infecten mis relaciones con los hombres. Por esto, pido y acepto Tu perdón, y me perdono a mí misma.

Pido que mi corazón y mi mente se abran de modo que acepte a todos los hombres como Tus hijos y como mis hermanos. Te pido que crees en mí un corazón limpio y renueves un espíritu correcto dentro de mí de modo que mi relación divina con todos los hombres se restablezca. Pido la voluntad de perdonar y avanzar en el amor.

Depongo mis armas.

Abro mi corazón.

Perdono.

¡Que así sea!

¡Y así es!

PERDÓN

DÍA 13
TRABAJO CON EL DIARIO

Perdono a los hombres

—PERDONO A MI MENTE POR PENSAR—

EJEMPLO

Perdono a mi mente por pensar que los hombres siempre abusarán de mí y me decepcionarán.

Perdono a mi mente por pensar que los hombres son
_____
_____

Perdono a mi mente por pensar que los hombres no son
_____
_____

Perdono a mi mente por pensar que los hombres siempre
_____
_____

Perdono a mi mente por pensar que los hombres nunca
_____
_____

—Me perdono por juzgar—

EJEMPLO

Me perdono por juzgar a todos los hombres como egoístas e irresponsables.

Me perdono por juzgar a los hombres como

_____

_____

Me perdono por juzgar que los hombres no

_____

_____

Me perdono por juzgar a los hombres por

_____

_____

Me perdono por juzgar a los hombres por no

_____

_____

—ME PERDONO POR CREER—

EJEMPLO

Me perdono por creer que no es seguro para mí confiar en los hombres con los que trabajo.

Me perdono por creer que los hombres deberían

_____

_____

Me perdono por creer que los hombres no deberían

_____

_____

Me perdono por creer que los hombres siempre

_____

_____

Me perdono por creer que los hombres nunca

_____

_____

—Secuencia de *TAPPING*—

Repasa los Lineamientos Básicos de la Secuencia de *Tapping* que se encuentran en las páginas 63-69.

1. Repasa en voz alta cada una de las 12 Afirmaciones de Perdón del día. Esto te ayudará a identificar los aspectos específicos del problema sobre el cual quieres hacer *tapping*.

2. Evalúa en una escala del 1 al 10 el nivel de intensidad de cualquier falta de perdón que tengas sobre el tema del día. Escribe el número.

3. Neutraliza toda resistencia subconsciente. Repite una Afirmación de Reversión 3 veces mientras haces *tapping* continuamente en el Punto Karate.

4. Concéntrate en el problema sobre el cual estarás haciendo *tapping*. Repite una Afirmación de Preparación 3 veces mientras haces *tapping* continuamente en el Punto Karate.

5. Haz *tapping* 7 veces en cada uno de los 10 puntos meridianos al tiempo que repites en voz alta los detalles clave de las 12 Afirmaciones de Perdón. Puedes basarte en los Guiones Extra de *Tapping*.

6. Vuelve a evaluar el nivel de intensidad sobre cualquier falta de perdón que tengas acerca del tema del día. Escribe el número. Si el nivel se encuentra en 8 o más arriba, repite toda la secuencia. Si el nivel está por debajo de 8, haz *tapping* sobre la Afirmación de Preparación Modificada, y luego lleva a cabo la Secuencia de *Tapping* de 10 puntos Afirmaciones basándote en tus 12 Afirmaciones de Perdón hasta que te encuentres en un nivel 0 de intensidad.

—REFLEXIONES—

_____

_____

_____

_____

_____

_____

_____

_____

_____

_____

No puedes perdonar solo una vez;
el perdón es una práctica diaria.

—SONIA RUMZI

Perdono a mi pareja/ex pareja

Deseo la paz de Dios.

La paz de Dios es todo lo que deseo.
La paz de Dios es mi única meta; la meta de toda mi vida, el objetivo
que busco, mi propósito, mi función y mi vida.
Una mente sin paz no puede escuchar a Dios.
Cualquier sentimiento carente de paz es el indicador
de que lo que estoy pensando es perdonable.
Solo las ideas falsas perturban mi mente, obstruyendo mi paz natural.
Permíteme recordar que no soy amenazado por lo que veo, sino por
las mentes cuyos pensamientos son las imágenes que percibo.

—ORACIÓN TOMADA DE *CUADERNO DE
TRABAJO DE UN CURSO DE MILAGROS*
LECCIÓN 227

— Historia de un Amigo del Perdón, por Almasi Wilcots—

Mi lección acerca del perdón vino cuando elegí abandonar un matrimonio de 23 años. Durante más años de los que quisiera admitir, pasaba mis días haciendo todos los esfuerzos posibles por ser la esposa y la madre del año. Trabajaba largas horas como cocinera, ama de llaves, lavandera, chofer, personal de mantenimiento y, por supuesto, principal cuidadora de los niños. Sentía que moría por dentro al tiempo que actuaba como si todo estuviera perfectamente bien. Yo lo culpaba a él, el esposo, el padre, ¡por todo! Viendo en retrospectiva me doy cuenta que me quedé demasiado tiempo. Al cabo de seis meses de matrimonio, la relación se había terminado, pero me convencí de que tenía que quedarme porque teníamos un sueño que deseábamos llevar a cabo, aunque su sueño y el mío eran completamente distintos.

Luego me dije a mí misma que tenía que quedarme por los niños. Ya tenía para ese entonces, cinco niños. Ellos, me decía a mí misma, necesitaban el amor y la seguridad de un padre y una familia intacta. La verdad es que, muy a menudo, me sentía vacía e impotente porque le entregué a él todo mi poder. Le di el poder de elegir, de cambiar y hacer lo que considerara correcto para mí. Él tomaba todas las decisiones, lo cual me enloquecía. Él decidió la dirección que habría de tomar nuestra familia y nuestras finanzas, lo cual era una fuente continua de frustración para mí. En lo que se refería a la mayoría de las cosas relacionadas con los niños y nuestra familia, solo había un modo de hacer las cosas, ¡y era el suyo! Lo acepté hasta que sentía que ya no podía respirar.

Cuando encontré la fuerza y el coraje para irme, dejé todo y a todos. Lo dejé a él, a los niños, la casa, y la cuenta de banco. Me fui apenas con lo que llevaba puesto. Imagino que podrías decir que estaba enojada, pero esa sería una forma refinada de decirlo. Yo simplemente quería respirar y vivir y tomar algunas decisiones para mi vida y para mí. Quería encontrar nuevas formas de ocupar mi tiempo.

Después de hacer todo esto por un periodo muy breve, comencé a sentirme viva nuevamente. Comencé a sentir que tenían alguna libertad y control sobre mi vida. ¡Por Dios, estaba equivocada! A medida que los días y las semanas transcurrieron, me di cuenta que seguía culpándolo por la mayoría de las cosas que no salían bien. Cuando mis planes no parecían fructificar, lo culpaba a él. No me tomó mucho tiempo darme cuenta de que él seguía siendo el centro de mi vida. De hecho, él seguía controlando lo que hacía, lo que no hacía y cómo lo hacía. ¡Necesitaba AYUDA!

> LO CULPABA A ÉL, AL ESPOSO Y PADRE, ¡POR TODO! CUANDO VEO EN RETROSPECTIVA, ME DOY CUENTA QUE FUI YO LA QUE SE QUEDÓ DEMASIADO TIEMPO.

Había oído hablar de este asunto del perdón. Lo había visto mencionado en distintos libros de autoayuda. El único perdón que conocía era en la forma reservada al confesionario: "Padre, perdóneme, pues he pecado." En este caso, yo no podía ver que lo que había hecho requería del perdón. Simplemente quería ser libre. Así pues, en lugar del perdón, hice una declaratoria de intención. Había aprendido acerca de las intenciones en un taller. Puse mi intención en la pared de una habitación de modo que pudiera verla y repetirla cada mañana y cada noche. Mi intención consistía en experimentar y expresar amor, paz, alegría, diversión y una abundancia de todas las cosas buenas de la vida. Pocos sabían que el perdón era el camino directo hacia el cumplimiento de esa misma intención. Dije: "Voy a probar el perdón".

> ¿CUÁNTAS VECES TENDRÉ QUE PERDONARLO? ¿CUÁNDO VAN A ABANDONAR ÉL Y SU ENERGÍA LOS RECOVECOS DE MI MENTE?

Mi mantra se volvió "Perdono a todos por todo". Sin importar nada, "¡perdono a todos por todo!" Simplemente lo repetía, aunque no creía una sola palabra… al principio. Luego escribí las afirmaciones de perdón. Cada vez que escribía una, él aparecía en mi mente. ¿Cuántas veces tendría que perdonarlo? ¿Cuándo van a abandonar él y su energía los recovecos de mi mente? La respuesta vino justo el día que escuché a mi mente responder: "Cuando puedas ver lo bueno que trajo esa relación y cómo te preparó para el lugar en el que te encuentras hoy." ¡Vaya!

Mientras pensaba al respecto y me permitía sentir mi dolor y tristeza, mis pensamientos acerca de la experiencia que tuve con mi exesposo cambiaron. No pasó de la noche a la mañana. Más bien, se trató de un proceso lento, gradual y concienzudo. Todos los días pensaba en algo por lo que pudiera estar agradecida durante el tiempo que pasé con él. Aunque me había resistido y rehusado a darle crédito por algo, realmente comencé a apreciarlo por todas las lecciones que me enseñó y las bendiciones que recibí durante nuestro matrimonio. Hoy no solo puedo decir que lo quiero, sino que realmente no quiero más que lo mejor para él. Ocupa un lugar especial en mi corazón. El perdón fue la clave. Perdón = Paz + Amor + Alegría. Y, ¿saben qué? El mejor regalo de todos fue darme cuenta que mi ex realmente no me hizo nada. Dios siempre estuvo al mando, y yo también.

PERDÓN = PAZ + AMOR + ALEGRÍA

Recordatorios diarios
del proceso de perdón

Para obtener una explicación más detallada de los Lineamientos Diarios del Proceso de Perdón, véanse las páginas 55-56.

1. Busca un lugar tranquilo donde nadie te interrumpa durante al menos 30 a 60 minutos.
2. Aquieta tu mente durante al menos 5 minutos.
3. Lee la Oración de Perdón una vez en silencio y otra, en voz alta.
4. Repasa la Lista de Disparadores Emocionales que se encuentra en las páginas 19-24.
5. Escribe en tu Diario del Perdón (Días 1-18) las 12 Afirmaciones de Perdón para el tema de cada día sobre pensar, juzgar y creer. Escribe tus Cartas de Perdón (Días 19-21).
6. Lleva a cabo tus Secuencias de *Tapping* ProEFT™ para el Perdón.
7. Procesa los pensamientos y sentimientos de manera consciente a través de las Reflexiones de Perdón de tu diario
8. Completa la práctica del día con una reflexión en silencio o con música de meditación.
9. ¡Asegúrate de hacer algo bueno por ti el día de hoy!

Me perdono por juzgar
a mi pareja/ex pareja

La práctica de perdón de hoy se relaciona con soltar y sanar todas las quejas que tenemos en contra de nuestra pareja actual o pasada. El desafío en cuanto a aquellas personas a las que amamos es que son los únicos que pueden acercarse lo suficiente como para rompernos el corazón. También son aquellos que vienen a nuestra vida a enseñarnos las lecciones más poderosas. Desafortunadamente, es normal que nos quedemos atorados en el dolor, y, al hacerlo, perdemos de vista las lecciones.

¿QUÉ PARTE DE TI PUEDES VER EN TU PAREJA/ EX PAREJA?

A medida que lleves a cabo la práctica del día de hoy, date permiso de decir la verdad completa y absoluta sobre lo que estás pensando, sintiendo y creyendo. ¿Qué parte de ti puedes ver en tu pareja/ex pareja? ¿Estás dispuesto a perdonarla en ti? *El amor saca a la superficie lo que no se le parece.* Esto significa que entre más ames a una persona, una mayor cantidad de partes no amorosas de ti se revelarán.

Una oración de perdón

Amado Dios:

Una vez más, depongo las armas. Esta vez, hablo en serio. Esta vez, abro verdaderamente mi corazón. Esta vez, verdaderamente suelto mis heridas y mis juicios. Esta vez me abro a conocer la parte de mí que está revelándose en la conducta de mi pareja/ex pareja. Pido conocerla y verla. Pido reconocerla y sanarla. Me perdono por hacer que esto sea tan difícil para mí y por culpar a alguien más por el dolor que he soportado.

Descanso en ti.

Que así sea.

Y así es

Perdón

DÍA 14
TRABAJO CON EL DIARIO

Perdono a mi pareja/expareja

—PERDONO A MI MENTE POR PENSAR—

EJEMPLO

Perdono a mi mente por pensar que mi esposa no es digna de mi tiempo y energía.

Perdono a mi mente por pensar que _____

es _____

Perdono a mi mente por pensar que _____

no es _____

Perdono a mi mente por pensar que _____

siempre _____

Perdono a mi mente por pensar que _____

jamás _____

—Me perdono a mí mismo por juzgar—

EJEMPLO

Me perdono por juzgar a mi ex esposo por no tener una mejor relación con nuestros hijos.

Me perdono por juzgar a

_____

por

_____

Me perdono por juzgar a

_____

por no

_____

Me perdono por juzgar a

_____

en relación con

_____

Me perdono por juzgar que

_____

debería

_____

—Me perdono por creer—

EJEMPLO

Me perdono por creer que mi expareja, y no mis decisiones, son responsables de mi infelicidad.

Me perdono por creer que

debería

Me perdono por creer que

no debería

Me perdono por creer que

no ha

Me perdono por creer que

no puede

—Secuencia de *Tapping*—

Repasa los Lineamientos Básicos de la Secuencia de *Tapping* que se encuentran en las páginas 63-69.

1. Repasa en voz alta cada una de las 12 Afirmaciones de Perdón del día. Esto te ayudará a identificar los aspectos específicos del problema sobre el cual quieres hacer *tapping*.

2. Evalúa en una escala del 1 al 10 el nivel de intensidad de cualquier falta de perdón que tengas sobre el tema del día. Escribe el número.

3. Neutraliza toda resistencia subconsciente. Repite una Afirmación de Reversión 3 veces mientras haces *tapping* continuamente en el Punto Karate.

4. Concéntrate en el problema sobre el cual estarás haciendo *tapping*. Repite una Afirmación de Preparación 3 veces mientras haces *tapping* continuamente en el Punto Karate.

5. Haz *tapping* 7 veces en cada uno de los 10 puntos meridianos al tiempo que repites en voz alta los detalles clave de las 12 Afirmaciones de Perdón. Puedes basarte en los Guiones Extra de *Tapping*.

6. Vuelve a evaluar el nivel de intensidad sobre cualquier falta de perdón que tengas acerca del tema del día. Escribe el número. Si el nivel se encuentra en 8 o más arriba, repite toda la secuencia. Si el nivel está por debajo de 8, haz *tapping* sobre la Afirmación de Preparación Modificada, y luego lleva a cabo la Secuencia de *Tapping* de 10 puntos Afirmaciones basándote en tus 12 Afirmaciones de Perdón hasta que te encuentres en un nivel 0 de intensidad.

—REFLEXIONES—

_____

_____

_____

_____

_____

_____

_____

_____

_____

_____

A través del perdón nuestra identidad como víctimas se
disuelve y nuestro verdadero poder emerge: el poder de la
Presencia. En lugar de culpar a la oscuridad, traes la luz.

—ECKHART TOLLE
UNA NUEVA TIERRA: UN DESPERTAR AL PROPÓSITO DE TU VIDA

Perdono a mi hermano/hermana

Confío en mis hermanos, que son uno conmigo.

Todo lo que haga a mis hermanos, que son uno conmigo, me lo hago a mí mismo. Todo lo que me haga a mí mismo, se lo hago a mis hermanos. Ninguna parte de Ti es individualizada, distinta, especial o separada, sino que todo forma parte del Único Ser. ¿Qué podría darme más paz que unirme con todo aspecto de lo que Tú has creado? Hoy elijo confiar en mis hermanos, que son uno en el amor contigo.

—ORACIÓN TOMADA DE *CUADERNO DE TRABAJO DE UN CURSO DE MILAGROS* LECCIÓN 181

— Historia de un Amigo del Perdón, por el
Rev. Beverly Saunders Biddle—

A lo largo de 35 duros y oscuros años, he estado albergando enojo y resentimiento contra mi padre y mi hermano. En lo que se refiere a mi padre, estaba enojado por lo que yo recordaba como una vida familiar inestable debido a su alcoholismo. En cuanto a mi hermano, era porque él nunca estuvo disponible para mis padres o para mí durante sus enfermedades y su fallecimiento. El perdón no fue algo que yo ofreciera a estos hombres tan importantes de mi vida, porque, francamente, no creía que se lo merecieran ¡Gracias a Dios por darme otra forma de pensar!

> MI HERMANO ERA MI PADRE SUSTITUTO. YO CONFIABA EN ÉL.

Cuando era niña me sentía avergonzada una buena parte del tiempo debido a la forma de beber de mi padre. Nos mudábamos mucho de casa porque le costaba trabajo mantener un empleo y había muchas veces en las que caía ebrio en la calle; me llevaba de compras y jamás compraba lo que me prometía, o se aparecía en mis escuelas frente todos mis amigos. Incluso ya siendo adulto, sentí esa misma vergüenza cuando apenas si pudo llevarme del brazo al altar en mi boda. Estos son recuerdos dolorosos que utilizaba como un arma en contra de mi padre en mi corazón y en mi mente. Estas armas me robaron lo que pudo haber sido una hermosa relación con él y con otros hombres de mi vida.

Siempre había admirado a mi hermano por tener muy buenas calificaciones, por ser músico y atleta. Cuando yo era adolescente, mis padres se separaron. Durante los primeros años difíciles, mi hermano fue mi padre sustituto. Confiaba en él. Dependía de él para que me mantuviera a raya y me hiciera sentir segura. Cuando mis ancianos padres enfermaron y cuando ambos fallecieron, jamás pensé que él no estaría ahí para ellos o para mí. Estaba en un error. Me sentí traicionada, abandonada y decepcionada de que mi héroe resultara toda una farsa. Al menos estaba en mi mente. Juré no perdonarlo jamás por no ser quien yo necesitaba y deseaba que fuera en mi vida. ¿Cómo se atrevía?

En la actualidad me sorprende la manera como justifiqué mi indignación hacia el hombre que me dio la vida y hacia el que hizo su mejor esfuerzo por enseñarme cómo vivirla. Me dije a mí misma que ambos habían fracasado rotundamente en vivir conforme a las expectativas que yo tenía de un padre y un hermano mayor. Por supuesto, en mi mente y mi corazón todo tiene que ver conmigo y con cómo me sentía y lo que yo sentía que ellos no me habían dado. Luego, mi matrimonio, así como otras piezas y partes de mi vida, cayeron a pedazos. A partir de esas partes rotas reconocí lo mismo en mi padre y mi hermano. Desde mi propia sensación de oscuridad pude ver la luz que ellos representaban en mi vida ¡Oh Dios! ¿En verdad los había tenido secuestrados con mi enojo durante más de 35 años? ¡Vaya que sí

> **LAS PERSONAS HACEN LO MEJOR QUE PUEDEN CON LO QUE TIENEN EN UN MOMENTO DADO.**

lo hice! Y yo sabía que el perdón era el único negociador lo suficientemente listo o hábil para liberarnos a todos.

Practicar el perdón cambió mi perspectiva, mi vida y los signos vitales de mis relaciones familiares. No fue sino hasta que comencé a perdonar a mi padre y a mi hermano que pude ver las cosas desde su perspectiva. Perdonar a estos dos importantes hombres de mi vida por lo que yo había juzgado como ofensas en mi contra abrió mi corazón en formas en las que jamás pensé fueran posibles. Cuando dejé de hablar del perdón de dientes para afuera y en verdad lo puse en práctica, aprendí que las personas hacen lo mejor que pueden con lo que tienen en un momento determinado.

> PRACTICAR EL PERDÓN CAMBIÓ MI PERSPECTIVA, MI VIDA Y LOS SIGNOS VITALES DE MIS RELACIONES FAMILIARES.

Estos dos hombres, a quienes amaba fundamentalmente, fueron veteranos que habían servido a este país y habían perdido una parte de sí mismos en el proceso. Mi padre, un hombre negro, sirvió durante la Segunda Guerra Mundial en una época en la que era obligado a entrar a ciertos establecimientos por la puerta trasera en su propio país. Sirvió una vez más en la Guerra de Corea, solo para regresar a casa y tener grandes dificultades para encontrar un empleo después de haber servido a su país durante 23 años. Mi hermano sirvió en Vietnam. Fue una guerra sobre la que han hecho dos películas ganadoras de un Óscar. Apenas puedo imaginarme los horrores que vio y soportó y que hubieran llevado al límite a cualquier hombre racional y pensante.

Cuando pude ver la vida a través de sus ojos fui capaz de llevar a cabo un cambio en mi propia conciencia. No fue sino hasta que estuve dispuesta a reconocer lo que ellos habían pasado y vivido que pude descubrirlos, abrazarlos y verlos con compasión. La compasión, una de mis más grandes maestras, me permitió perdonarlos verdaderamente para poder liberarme a mí misma. Con una profundidad recién descubierta de compasión —y un corazón lleno de amor— pasé de las palabras a sumergirme en el perdón. Para mi sorpresa, a medida que los liberé, pude perdonarme a mí misma por los juicios que había tenido sobre ellos. Ahora los tengo en un espacio de amor en mi corazón y los honro como a mis ancestros que me aman y mi guían cada día.

EL PERDÓN ERA EL ÚNICO NEGOCIADOR
LO SUFICIENTEMENTE LISTO O HÁBIL
PARA LIBERARNOS A TODOS.

Recordatorios diarios del proceso de perdón

Para obtener una explicación más detallada de los Lineamientos Diarios del Proceso de Perdón, véanse las páginas 55-56.

1. Busca un lugar tranquilo donde nadie te interrumpa durante al menos 30 a 60 minutos.
2. Aquieta tu mente durante al menos 5 minutos.
3. Lee la Oración de Perdón una vez en silencio y otra en voz alta.
4. Repasa la Lista de Disparadores Emocionales que se encuentra en las páginas 19-24.
5. Escribe en tu Diario del Perdón (Días 1-18) las 12 Afirmaciones de Perdón para el tema de cada día sobre pensar, juzgar y creer. Escribe tus Cartas de Perdón (Días 19-21).
6. Lleva a cabo tus Secuencias de *Tapping* ProEFT™ para el Perdón.
7. Procesa los pensamientos y sentimientos de manera consciente a través de las Reflexiones de Perdón de tu diario
8. Completa la práctica del día con una reflexión en silencio o con música de meditación.
9. ¡Asegúrate de hacer algo bueno por ti el día de hoy!

Me perdono por juzgar a mi hermano/hermana

La práctica de perdón del día de hoy se relaciona con perdonar los juicios que tenemos y las heridas que podemos albergar con respecto a nuestros hermanos. En muchas relaciones entre hermanos existen tres elementos maliciosos: la comparación, los celos y el ridículo. Lo que los hermanos dicen y se hacen entre sí a menudo pueden dejar heridas profundas. Por otra parte, lo que los hermanos no dicen y se rehúsan a hacer por el otro a menudo dejan también heridas profundas.

Independientemente de si eres el mayor, el menor, o eres uno de los de en medio, no hay nada más precioso y solidario que una relación cercana con un hermano. Cuando hay una ruptura en una relación entre hermanos, el dolor y la impotencia pueden afectar e infectar a la familia entera. La práctica de hoy de curación de relaciones rotas entre hermanos puede también ayudarte a sanar problemas similares en tus relaciones de amistad.

> EN MUCHAS RELACIONES ENTRE HERMANOS EXISTEN TRES ELEMENTOS MALICIOSOS: LA COMPARACIÓN, LOS CELOS Y EL RIDÍCULO.

Una oración de perdón

Amado Dios:

Estoy dispuesto a cambiar mi forma de pensar. Estoy dispuesto a experimentar un cambio en mi corazón. Estoy dispuesto a cambiar la percepción que tengo de mí mismo. Estoy dispuesto a cambiar la percepción que tengo de mi hermano/hermana. Estoy dispuesto a cambiar lo que pienso y por qué lo pienso. Estoy dispuesto a cambiar lo que digo y cómo lo digo. Estoy dispuesto a cambiar mis actitudes, mis opiniones, mis respuestas habituales, mis percepciones limitadas, los acuerdos tácitos, los patrones familiares, todo lo que piense o tenga en mi corazón de modo que se restaure la paz y la armonía en mi relación con mi hermano/hermana. Ahora consciente y voluntariamente pido al Espíritu Santo que su amor cambie cada célula, cada tejido, cada órgano, cada músculo y todo sistema vivo dentro de mi ser para poder transformar mi relación con mi hermano/hermana. Ahora consciente y voluntariamente pido al Espíritu Santo que sane todo pensamiento, toda creencia, todo programa, toda expectativa, toda motivación y toda conducta que haya tenido o pueda tener un impacto negativo, hostil o carente de amor en mi relación con mi hermano/hermana.

Descanso en ti.

¡Que así sea!

¡Y así es!

Perdón

DÍA 15
TRABAJO CON EL DIARIO

Perdono a mi
hermano/hermana

—PERDONO A MI MENTE POR PENSAR—

EJEMPLO

Perdono a mi mente por pensar que mi hermano es un malagradecido.

Perdono a mi mente por pensar que mi hermano/hermana debería ser

_____

_____

Perdono a mi mente por pensar que mi hermano/hermana no debería ser

_____

_____

Perdono a mi mente por pensar que mi hermano/hermana es

_____

_____

Perdono a mi mente por pensar que mi hermano/hermana no es

_____

_____

—ME PERDONO POR JUZGAR—

EJEMPLO

Me perdono por juzgar a mi hermana por dejar a sus hijos solos en casa.

Me perdono por juzgar a mi hermano/hermana por

_____

_____

Me perdono por juzgar a mi hermano/hermana por no

_____

_____

Me perdono por juzgar a mi hermano/hermana cuando

_____

_____

Me perdono por juzgar a mi hermano/hermana como

_____

_____

—ME PERDONO POR CREER—

EJEMPLO

Me perdono por creer todos los chismes que mi tío me ha dicho sobre mi hermano.

Me perdono por creer

_____

que mi hermano/hermana

_____

Me perdono por creer

_____

que mi hermano/hermana

_____

Me perdono por creer

_____

que mi hermano/hermana

_____

Me perdono por creer

_____

que mi hermano/hermana

_____

—SECUENCIA DE *TAPPING*—

Repasa los Lineamientos Básicos de la Secuencia de *Tapping* que se encuentran en las páginas 63-69.

1. Repasa cada una de las 12 Afirmaciones de Perdón del día en voz alta. Esto te ayudará a identificar los aspectos específicos del problema sobre el que quieres hacer *tapping*.

2. Evalúa en una escala del 1 al 10 el nivel de intensidad de cualquier falta de perdón que tengas sobre el tema del día. Escribe el número.

3. Neutraliza toda resistencia subconsciente. Repite una Afirmación de Reversión 3 veces mientras haces *tapping* continuamente en el Punto Karate.

4. Concéntrate en el problema sobre el cual estarás haciendo *tapping*. Repite una Afirmación de Preparación 3 veces mientras haces *tapping* continuamente en el Punto Karate.

5. Haz *tapping* 7 veces en cada uno de los 10 puntos meridianos al tiempo que repites en voz alta los detalles clave de las 12 Afirmaciones de Perdón. Puedes de los Guiones Extra de *Tapping*.

6. Vuelve a evaluar el nivel de intensidad sobre cualquier falta de perdón que tengas sobre el tema del día. Escribe el número. Si el nivel se encuentra en 8, o arriba, repite toda la secuencia. Si el nivel está por debajo del 8, haz *tapping* sobre la Afirmación de Preparación Modificada, y luego lleva a cabo la Secuencia de *Tapping* de 10 puntos sobre la base de 2 Afirmaciones de Perdón hasta que te encuentres en un nivel 0 de intensidad.

_____

_____

_____

_____

_____

_____

_____

_____

_____

_____

_____

_____

Perdonar no significa condonar.

—**ALLAN LOKOS,** *PATIENCE: THE ART OF PEACEFUL LIVING*

Perdono a mi hijo/hija

Los dones de Dios me son confiados.

Los dones de Dios son míos, confiados a mi cuidado. La confianza de Dios en mí es ilimitada. Me ha sido confiado el brindar felicidad y amor, haciendo la voluntad de Dios en la tierra. Solo compartiendo el amor que Dios tiene por mí, amando a todos aquellos a los que desee amar, me daré cuenta que he recibido el amor de Dios.

— ORACIÓN TOMADA DE *CUADERNO DE
TRABAJO DE UN CURSO DE MILAGROS*
LECCIÓN 335

— Historia de perdón, por Iyanla Vanzant—

Ella era mi hija más pequeña, la última de tres. Como cualquier otra madre, pensaba que era la bebé más adorable del mundo. También era una buena bebé. Dormía la mayor parte de la noche y siempre comía muy bien. Su hermano y hermana la ayudaron a gatear y a ponerse de pie pronto. Comenzó a caminar el mismo día que le salieron los primeros dos dientes. Los primeros años fueron fáciles. Su preadolescencia pasó sin ningún incidente. Luego llegamos a los años de adolescencia, y el infierno se desató por completo.

No importaba lo que yo quisiera; ella lo convertía en un pleito. Fue la primera de los tres en ser abiertamente desafiante. Creo que sus hermanos estaban tan impactados como yo por las cosas que ella dijo e hizo. Siguiendo mis pasos, se embarazó a la edad de 16 años.

Aunque terminó la preparatoria, mi hija menor decidió no ir a la universidad. Se fue de la casa y vivió con su novio. Por lo regular sabía de ella cuando tenía algún problema. Esto significaba que había semanas, y algunas veces, meses, en los que no hablábamos. En su mente, yo estaba equivocada... en todo. En mi mente, ella era toda una decepción. Para cuando cumplió 30 años me di cuenta que una de nosotras tenían que abandonar su postura y arreglar las cosas o nos perderíamos mucho más de la vida de la otra.

Siempre es la madre la que tiene que ceder. Te juro que hice mi mejor esfuerzo. Ella no hizo ninguno. Vivía en otro estado cuando me di cuenta... que extrañaba a mi pequeña.

Al igual que muchos padres, yo tenía esperanzas y sueños para todos mis hijos. Quería muchas cosas para ellos y esperaba también mucho de ellos. También tenía muchas opiniones que pensaba que necesitaban seguir. Mi forma de hacer las cosas era la mejor. Después de todo, ¡yo soy la mamá!

Por duro que sea admitirlo, juzgué a mis hijos como buenos/malos, correctos/equivocados, respetuosos/irrespetuosos basándome en qué tanto caminaban por las líneas que yo había trazado. Me esforcé tanto porque no fracasaran que fui yo quien fracasó en darles lo que necesitaban para tener éxito. Esas fueron las verdades que tuve que enfrentar y con las que tuve que lidiar. Tuve que examinar mis opiniones, juicios y críticas hacia todos mis hijos, perdonarme a mí misma, y pedirles perdón. Lo más importante: tuve que ver lo mejor en ellos, sin importar lo que eligieran para sí mismos.

> ME ESFORCÉ TANTO POR EVITAR QUE FRACASARAN QUE FUI YO QUIEN FRACASÓ EN DARLES LO QUE NECESITABAN PARA TENER ÉXITO.

Los dos mayores eran más condescendientes. De hecho, creían que yo lo había hecho lo mejor que había podido. La más pequeña, la que más se parecía a mí, no la pasó muy bien. Era suspicaz y seguía estando muy enojada. Seguía sin querer mis consejos. Ya era toda una mujer adulta, con su propia forma de ser y su propia vida que vivir. Tuve que adentrarme aún más en el perdón. Encontré más juicios. Al final, me di cuenta que entre más me perdonaba, más nos acercábamos; y entre más nos acercábamos, más juicios tenía que perdonar. ¿Qué otra cosa puede hacer una madre?

Recordatorios diarios del proceso de perdón

Para obtener una explicación más detallada de los Lineamientos Diarios del Proceso de Perdón, véanse las páginas 55-56.

1. Busca un lugar tranquilo donde nadie te interrumpa durante al menos 30 a 60 minutos.
2. Aquieta tu mente durante al menos 5 minutos.
3. Lee la Oración de Perdón una vez en silencio y otra en voz alta.
4. Repasa la Lista de Disparadores Emocionales que se encuentra en las páginas 19-24.
5. Escribe en tu Diario del Perdón (Días 1-18) las 12 Afirmaciones de Perdón para el tema de cada día sobre pensar, juzgar y creer. Escribe tus Cartas de Perdón (Días 19-21).
6. Lleva a cabo tus Secuencias de *Tapping* para el Perdón ProEFT™.
7. Procesa los pensamientos y sentimientos de manera consciente a través del tus Reflexiones de Perdón de tu Diario
8. Completa la práctica del día con una reflexión en silencio o con música de meditación.
9. ¡Asegúrate de hacer algo bueno por ti el día de hoy!

Me perdono por juzgar
a mi hijo/hija

La Práctica de Perdón del día de hoy está dirigida a los padres que tienen juicios y decepciones relacionadas con sus hijos, aun si ya son adultos. Los padres a menudo tienen sueños para sus hijos que no son los mismos que los hijos tienen para sí mismos. Cuando los hijos comienzan a vivir su propia vida, haciendo las cosas de manera distinta a como los padres las harían o les aconsejan que las hagan, puede haber una ruptura en la relación.

LOS PADRES A MENUDO TIENEN SUEÑOS PARA SUS HIJOS QUE NO SON LOS MISMOS QUE LOS HIJOS TIENEN PARA SÍ MISMOS.

Los padres se olvidan de que sus hijos, especialmente sus hijos adultos, no tienen la obligación de seguir su mismo camino. La práctica de hoy ofrece a los padres la oportunidad de liberarse ellos mismos y a sus hijos de costumbres, tradiciones, reglas y regulaciones que pueden tenerlos atados a una relación disfuncional. Trabaja con cada uno de tus hijos para tener una práctica completa. ¡No tengas miedo de ser completamente honesto!

Una oración de perdón

Bendito y divino Dios Padre, bendita y misericordiosa Dios Madre:

Gracias por confiarme las tareas y los deberes que conllevan el hecho de ser padre. Gracias por la bendición que mi hijo/hija representa en mi vida. Gracias por establecer y sostener un lazo de amor entre nosotros que no puede romperse, que es vivificante, que es íntegro y sagrado. Hoy te pido bendigas la mente de mi hijo/hija para que esté libre de toda duda relacionada consigo mismo(a) o contigo. Bendice a mi hijo/hija con un corazón amable. Te pido que escribas tu voluntad en su corazón de modo que llegue a su mente en el momento perfecto. Te pido que des a mi hijo/hija coraje y sabiduría. Dale fortaleza. Dale el deseo de hacer lo bueno y lo correcto en todo momento, en toda situación y bajo toda circunstancia. Gracias, Señor, por amar a mi hijo(a) aún más que yo. Gracias por proteger a mi hijo(a), nuestro(a) hijo(a), de toda herida, daño y peligro.

En tus manos lo(a) encomiendo.

Descanso en ti.

¡Que así sea!

¡Y así es!

PERDÓN

DÍA 16
TRABAJO CON EL DIARIO

Perdono a mi hijo/hija

—PERDONO A MI MENTE POR PENSAR—

EJEMPLO

Perdono a mi mente por pensar que, de algún modo, les he fallado a mis hijos porque no han vivido conforme a mis expectativas.

Perdono a mi mente por pensar _____

_____ que mi hijo/hija

Perdono a mi mente por pensar _____

_____ que mi hijo/hija

Perdono a mi mente por pensar _____

_____ que mi hijo/hija

Perdono a mi mente por pensar _____

_____ que mi hijo/hija

—ME PERDONO POR JUZGAR—

EJEMPLO

Me perdono por juzgar a mi hijo/hija por no concluir sus estudios y terminar en un trabajo sin futuro.

Me perdono por juzgar a mi hijo/hija por

_____

_____

Me perdono por juzgar a mi hijo/hija por no

_____

_____

Me perdono por juzgar a mi hijo/hija cuando

_____

_____

Me perdono por juzgar a mi hijo/hija porque

_____

_____

—Me perdono por creer—

EJEMPLO

Me perdono por creer que mi hijo/hija me ha decepcionado como padre.

Me perdono por creer

_____ que mi hijo/hija

Me perdono por creer

_____ que mi hijo/hija

Me perdono por creer

_____ que mi hijo/hija

Me perdono por creer

_____ que mi hijo/hija

—SECUENCIA DE *TAPPING*—

Repasa los Lineamientos Básicos de la Secuencia de *Tapping* que se encuentran en las páginas 63-69.

1. Repasa cada una de las 12 Afirmaciones de Perdón del día en voz alta. Esto te ayudará a identificar los aspectos específicos del problema sobre el que quieres hacer *tapping*.

2. Evalúa en una escala del 1 al 10 el nivel de intensidad de cualquier falta de perdón que tengas sobre el tema del día. Escribe el número.

3. Neutraliza toda resistencia subconsciente. Repite una Afirmación de Reversión 3 veces mientras haces *tapping* continuamente en el Punto Karate.

4. Concéntrate en el problema sobre el cual estarás haciendo *tapping*. Repite una Afirmación de Preparación 3 veces mientras haces *tapping* continuamente en el Punto Karate.

5. Haz *tapping* 7 veces en cada uno de los 10 puntos meridianos al tiempo que repites en voz alta los detalles clave de las 12 Afirmaciones de Perdón. Puedes de los Guiones Extra de *Tapping*.

6. Vuelve a evaluar el nivel de intensidad sobre cualquier falta de perdón que tengas sobre el tema del día. Escribe el número. Si el nivel se encuentra en 8, o arriba, repite toda la secuencia. Si el nivel está por debajo del 8, haz *tapping* sobre la Afirmación de Preparación Modificada, y luego lleva a cabo la Secuencia de *Tapping* de 10 puntos sobre la base de 2 Afirmaciones de Perdón hasta que te encuentres en un nivel 0 de intensidad.

—REFLEXIONES—

_____

_____

_____

_____

_____

_____

_____

_____

_____

_____

**El perdón te dice que tienes otra
oportunidad de crear un nuevo principio.**

—DESMOND TUTU

Perdono a los demás

(AMIGOS O ARCHIENEMIGOS,
FAMILIARES, COMPAÑEROS DE TRABAJO, JEFES,
CONOCIDOS E, INCLUSO, EXTRAÑOS)

Este día solo ofrezco milagros, pues deseo que regresen a mí.

El regalo de Dios es el amor. El amor solo puede crearse a sí mismo.
Escojo dar únicamente amor porque amor es todo lo que deseo recibir.

—ORACIÓN TOMADA DE *CUADERNO DE*
TRABAJO DE UN CURSO DE MILAGROS
LECCIÓN 335

—Historia de un Amigo del Perdón, por el Rev. Matthew Cartwright—

Sé que nada en mi vida cambiará hasta que cambie la forma en la que veo mi vida y me veo a mí mismo. La mayor parte de mi vida me vi como víctima. El dolor de lo que yo percibía como abandono durante mi infancia y el ridículo social por ser homosexual me llevó a una vida de drogas, alcohol y sexo. En lugar de enfrentar mis sentimientos, elegí escapar de todo el dolor de lo que "ellos me habían hecho". Estaba atrapado en un mundo de heridas, resentimiento, miedo y dolor que me dejó con una sensación de desesperación en una vida que no tenía sentido. Fue esta sensación de desesperación y soledad lo que me llevó a adentrarme en la adicción a las drogas y a una serie de decisiones dañinas a partir de las cuales contraje SIDA.

EL PERDÓN REQUIERE DE ENTREGA.

Cuando mi prueba dio positivo, me sentí desmoronado y aún más deshecho. Después de todo lo que había pasado, esto era como recibir un golpe en la cara sin razón alguna. ¿Cómo pude permitir que esto pasara? ¡Yo sabía lo que podía pasar! Sabía cómo protegerme, pero no lo hice. En la década de los noventa, fui voluntario para diversas organizaciones de lucha contra el SIDA. Había instruido a las personas sobre qué hacer y qué no hacer para evitar posibilidades que podrían cambiarles la vida con respecto a esta enfermedad que alguna vez fue mortal. Ahora, yo era "uno de ellos". Ya no podía fingir ser mejor o peor que alguien. Tenía que luchar por mi vida. Para mí, eso significaba realizar el trabajo: el difícil y profundo trabajo de limpiar mi mente y mi corazón, así como mi vida.

Cuando eres un hombre homosexual, las personas te juzgan. Más poderosos que los juicios que otros me lanzaban eran los resentimientos que yo tenía y dirigía hacia los demás. Fue lo profundo de mi dolor autogenerado lo que me llevó a la práctica del perdón. Yo deseaba ser sanado no solo del dolor que me había provocado a mí mismo sino también del dolor percibido que yo pensaba otros me habían infligido. Me pregunto si las personas se daban cuenta del dolor que causaban con sus palabras crueles y sus juicios. Me pregunto si yo me daba

> ME PREGUNTO SI LAS PERSONAS SE DABAN CUENTA DEL DOLOR QUE CAUSABAN CON SUS PALABRAS CRUELES Y SUS JUICIOS.

cuenta. Con un diagnóstico que amenazaba mi vida colgando sobre mi cabeza, decidí que no importaba. El perdón, creía yo, borraría la página, dándome un nuevo impulso en la vida. A medida que mi práctica del perdón fue profundizándose encontré el coraje para perdonar a mi madre, a mi padre, y a todos aquellos que yo creía me habían lastimado. Comencé a sentirme mejor y con mayores esperanzas hasta que me di cuenta que no me había perdonado y que no podía perdonarme.

Fue sorprendente para mí darme cuenta que muchos de los juicios que hicieron sobre mí eran los mismos juicios que yo tenía sobre mí mismo. Al mismo tiempo, yo tenía todo un caudal subyacente de juicios acerca de los demás que parecía no poder soltar. Encubría muy bien esas cosas. Era muy bueno actuando como si todo estuviera bien y ya no me doliera nada. A medida que giraban las voces y las imágenes de la vergüenza y la equivocación, el enojo y el resentimiento en mi mente, me sentía derrotado e indigno de ser amado. Al final me convencí a mí mismo de que mis heridas eran demasiado grandes para cualquier perdón o ejercicio con un diario.

> **ES ARROGANTE DE MI PARTE NO PERDONARME A MÍ MISMO CUANDO DIOS ME PERDONA.**

Aunque estaba frustrado y enojado, estaba decidido a no abandonar el perdón ni abandonarme a mí mismo. Fue entonces que descubrí un secreto poco conocido sobre cualquier práctica de perdón: el perdón requiere la entrega. La entrega es un estado mental y del ser que abre la mente y el corazón a la revelación divina. Más profunda que la transformación de la mente o la curación del corazón, la entrega erradica los pensamientos, las emociones y las energías que mantienen en su sitio la frustración y el enojo. No fue sino hasta que me entregué a Dios, confiando en que sin importar lo que ocurriera o no ocurriera Dios seguiría amándome, que sentí un cambio. Dejé de pensar que había hecho algo malo. Pedí ser sanado de mi vergüenza. Recé para obtener perdón por lo que había hecho y me perdoné por creer que alguien me había hecho algo. La entrega me liberó de la prisión de "debí haber hecho" o del "pude haber hecho", y me llevó a darme cuenta que no hay víctimas. Nuestra vida está compuesta de decisiones. El mayor regalo de la entrega fue que me ayudó a comprender que es una arrogancia de mi parte no perdonarme cuando Dios me perdona. Es también dañino no perdonar a otras personas cuando Dios las perdona.

La entrega y el perdón facilitan perdonarme a mí mismo cuando cometo un error. Ahora perdono a otras personas rápidamente. Con cada reporte de que mi salud está mejorando, reconozco el poder sanador del perdón. Veo cómo Dios me ha permitido vivir plenamente. La experiencia con el SIDA ha cambiado mi relación con Dios y con el mundo. Me ha liberado de la presión de mi mente que me ha hecho juzgar a otras personas y a mí mismo

---

LA ENTREGA Y EL PERDÓN ME HACEN MUCHO
MÁS FÁCIL PERDONARME A MÍ MISMO CUANDO
COMETO UN ERROR. AHORA PERDONO
A OTROS RÁPIDAMENTE TAMBIÉN.

Recordatorios diarios del proceso de perdón

Para obtener una explicación más detallada de los Lineamientos Diarios del Proceso de Perdón, véanse las páginas 55-56.

1. Busca un lugar tranquilo donde nadie te interrumpa durante al menos 30 a 60 minutos.
2. Aquieta tu mente durante al menos 5 minutos.
3. Lee la Oración de Perdón una vez en silencio y otra en voz alta.
4. Repasa la Lista de Disparadores Emocionales que se encuentra en las páginas 19-24.
5. Escribe en tu Diario del Perdón (Días 1-18) las 12 Afirmaciones de Perdón para el tema de cada día sobre pensar, juzgar y creer. Escribe tus Cartas de Perdón (Días 19-21).
6. Lleva a cabo tus Secuencias de *Tapping* ProEFT™ para el Perdón.
7. Procesa los pensamientos y sentimientos de manera consciente a través de las Reflexiones de Perdón de tu diario
8. Completa la práctica del día con una reflexión en silencio o con música de meditación.
9. ¡Asegúrate de hacer algo bueno por ti el día de hoy!

Me perdono por juzgar a otros

*(Amigos o archienemigos, familiares, compañeros
de trabajo, jefes, conocidos e, incluso, extraños)*

La Práctica de Perdón del día de hoy se relaciona con perdonar las ofensas secretas, no expresadas y largamente sostenidas que puedas tener acerca o en contra de las personas con las que interactúas frecuentemente. Incluye a aquellas personas en tu ambiente laboral o social, o incluso miembros de tu familia extendida que consideras que te han lastimado, herido, injuriado o faltado al respeto en un momento u otro.

> TENDRÁS QUE PERDONAR A AMIGOS DE QUIENES NO SABES CÓMO DESHACERTE O AQUELLOS A QUIENES NO HAS ESTADO DISPUESTO A DECIR LA VERDAD.

Tendrás que perdonar a amigos de quienes no sabes cómo deshacerte o a aquellas personas a quienes no has estado dispuesto a decir la verdad. Puedes dirigirte a todos aquellos con quienes tengas una molestia no resuelta. Una vez más, date permiso de ser absolutamente honesto. Di nombres y recuerda incidentes. Haz una lista y, si es necesario, dedica un día a llevar a cabo el trabajo con cada persona.

Una oración de perdón

Precioso Señor de mi vida y de mi ser:

Tengo el deseo profundo y sincero de ser una mejor persona este día. Hoy deseo ser más de la persona que tú me creaste para ser. Deseo crear una vida y relaciones que complementan lo que tú eres en mí. Hoy dedico mis manos a hacer tu trabajo. Permito a mi corazón y a mi mente que se alinien con tu voluntad y en todo momento estoy en el presente, permitiendo que todo tipo de posibilidades se desarrollen de una manera en la que te honre. Hoy libero todos los juicios personales y quejas, y abrazo la belleza y la bondad de cada experiencia. Me doy permiso de hacer las cosas de manera distinta, de una manera más amorosa. Asumo el mando y el dominio de mis antiguos hábitos y patrones de modo que despierte a una nueva forma de pensar, ser y vivir. Perdono todas las cosas, a todas las personas y todas las experiencias del pasado. Me tomo unos momentos cada hora para expresar mi gratitud hacia Ti por permitir que un mejor yo emerja este día.

Depongo las armas.

Abro mi corazón a la paz este día.

Descanso en ti.

¡Que así sea!

¡Y así es!

—Rev. Heather Mizell

PERDÓN

Perdono a otras personas

—PERDONO A MI MENTE POR PENSAR—

EJEMPLO

Perdono a mi mente por pensar que tengo el control sobre lo que las personas piensan de mí.

Perdono mi mente por pensar que

deber ía

Perdono a mi mente por pensar que

no debería

Perdono a mi mente por pensar que

está obligado a

Perdono a mi mente por pensar que soy responsable del/la

de

—ME PERDONO POR JUZGAR—

EJEMPLO

Me perdono por juzgar a mis compañeros de trabajo que han criticado y ridiculizado mis creencias.

Me perdono por juzgar a

por

Me perdono por juzgar a

por

Me perdono por juzgar a

por

Me perdono por juzgar a

por

—ME PERDONO POR CREER—

EJEMPLO

Me perdono por creer que mi jefe está siendo irrespetuoso por no decir buenos días.

Me perdono por creer que _____

debería _____

Me perdono por creer que _____

no debería _____

Me perdono por creer que otras personas _____

_____

Me perdono por creer que otras personas no _____

_____

—Secuencia de *TAPPING*—

Repasa los Lineamientos Básicos de la Secuencia de *Tapping* que se encuentran en las páginas 63-69.

1. Repasa en voz alta cada una de las 12 Afirmaciones de Perdón del día. Esto te ayudará a identificar los aspectos específicos del problema sobre el cual quieres hacer *tapping*.
2. Evalúa en una escala del 1 al 10 el nivel de intensidad de cualquier falta de perdón que tengas sobre el tema del día. Escribe el número.
3. Neutraliza toda resistencia subconsciente. Repite una Afirmación de Reversión 3 veces mientras haces *tapping* continuamente en el Punto Karate.
4. Concéntrate en el problema sobre el cual estarás haciendo *tapping*. Repite una Afirmación de Preparación 3 veces mientras haces *tapping* continuamente en el Punto Karate.
5. Haz *tapping* 7 veces en cada uno de los 10 puntos meridianos al tiempo que repites en voz alta los detalles clave de las 12 Afirmaciones de Perdón. Puedes basarte en los Guiones Extra de *Tapping*.
6. Vuelve a evaluar el nivel de intensidad sobre cualquier falta de perdón que tengas acerca del tema del día. Escribe el número. Si el nivel se encuentra en 8 o más arriba, repite toda la secuencia. Si el nivel está por debajo de 8, haz *tapping* sobre la Afirmación de Preparación Modificada, y luego lleva a cabo la Secuencia de *Tapping* de 10 puntos Afirmaciones basándote en tus 12 Afirmaciones de Perdón hasta que te encuentres en un nivel 0 de intensidad.

—REFLEXIONES—

_____

_____

_____

_____

_____

_____

_____

_____

_____

_____

_____

_____

Una persona perdona según el tamaño de su amor.

—FRANCOIS DE LA ROCHEFOUCAULD

Perdono al mundo

Este bendito instante te lo entrego a ti.

Quiero que tú tomes el mando, pues yo te seguiré. En este momento entreno a mi mente para que te recuerde, perdonando todo lo que ha ocurrido. Esta es mi responsabilidad, elegir lo que pienso. Y si necesito una palabra de ayuda, tú me la darás. Si necesito un pensamiento, también tú me lo darás. Y si necesito calma y una mente tranquila y abierta, esos son los dones que recibiré de ti.

— ORACIÓN TOMADA DE *CUADERNO DE TRABAJO DE UN CURSO DE MILAGROS* LECCIÓN 363

—Historia de perdón, por Iyanla Vanzant—

Navegaba por las redes sociales, tratando de enterarme de lo que las personas pensaban y sentían sobre lo que ocurría en el mundo. Había varios temas realmente candentes, y las personas parecían encenderse con sus pensamientos, sentimientos y posiciones. Me pareció sorprendente que tantas personas tuvieran tanto que decir sobre lo mismo y jamás encontraran un punto en común. Luego me topé con las groserías, las ofensas y con lo que me parecía una falta de respeto total. ¿Qué les pasa? ¿Acaso estas personas se han vuelto locas?

Hay muchas cosas acerca del mundo, de las personas que viven en él y de la manera como viven que no son de mi gusto ni agrado. Sin embargo, respeto el derecho de las personas a elegir, reconociendo que las cosas están cambiando… rápidamente. El asunto para mí, y quizás para muchas otras personas, es cómo dirigimos nuestro desagrado sin faltar al respeto a otras personas y a sus derechos humanos básicos. ¿Cómo compartimos nuestras experiencias, cómo permitimos que nuestra voz se escuche, cómo exploramos nuestras diferencias de maneras honorables y respetuosas? Me imagino que todo se reduce a esto: ¿Cómo dejamos de juzgarnos unos a otros para así crear un cambio productivo en las cosas que nos afectan a todos?

Toda equivocación que encontramos en alguien es un juicio. Cuando juzgamos, invocamos la energía de la confrontación que muy a menudo nos lleva a atacar. Cuando la confrontación entra en acción, el ataque raramente es físico. Es psicológico o intelectual. Es emocional. El juicio es duro y grosero y tiene como objetivo lastimar, como si el dolor de lo que hacemos o decimos hiciera que otras personas creyeran por la fuerza lo mismo que nosotros. Ya sea que estemos en contra de la opinión o la posición o la conducta de otras personas o de una situación, el ataque siempre se basa en un juicio de lo equivocado.

Como jamás podemos saber lo que motiva a otras personas, resulta difícil saber con certeza que sus puntos de vista, sus opiniones y su conducta no son válidas… basándonos en lo que ellos saben. La historia, la experiencia, y la exposición a ciertas condiciones moldean a las personas, y las personas crean el mundo en el que vivimos.

Nuestro mundo es lo que es debido a lo que somos como individuos que viven en un medio ambiente colectivo. Trátese de la pena de muerte, las tendencias de moda, el matrimonio entre personas del mismo sexo, las asociaciones religiosas o el hecho de fumar en los bares, vivimos la realidad que alguien o muchas personas están pensando, sintiendo y apoyando.

> NO ES LO QUE OBSERVAS LO QUE IMPORTA. ES LO QUE VES.

El gran escritor Henry David Thoreau escribió: "No es lo que observas lo que importa. Es lo que ves". Si el mundo es un retrato de las personas que habitan en él, una mirada honesta podría revelar que las reacciones que tenemos hacia ciertas cosas y hacia las personas nos proporcionan más información acerca de nosotros mismos que acerca de lo que vemos. Quizás, si en verdad deseamos que las cosas cambien en el mundo y encontrar un punto de reunión común y sagrado podemos practicar el perdón y no la confrontación.

Recordatorios diarios del proceso de perdón

Para obtener una explicación más detallada de los Lineamientos Diarios del Proceso de Perdón, véanse las páginas 55-56.

1. Busca un lugar tranquilo donde nadie te interrumpa durante al menos 30 a 60 minutos.
2. Aquieta tu mente durante al menos 5 minutos.
3. Lee la Oración de Perdón una vez en silencio y otra, en voz alta.
4. Repasa la Lista de Disparadores Emocionales que se encuentra en las páginas 19-24.
5. Escribe en tu Diario del Perdón (Días 1-18) las 12 Afirmaciones de Perdón para el tema de cada día sobre pensar, juzgar y creer. Escribe tus Cartas de Perdón (Días 19-21).
6. Lleva a cabo tus Secuencias de *Tapping* ProEFT™ para el Perdón.
7. Procesa los pensamientos y sentimientos de manera consciente a través de las Reflexiones de Perdón de tu diario
8. Completa la práctica del día con una reflexión en silencio o con música de meditación.
9. ¡Asegúrate de hacer algo bueno por ti el día de hoy!

Me perdono por juzgar al mundo

La Práctica de Perdón del día de hoy aborda nuestras ofensas, decepciones, críticas y molestias con el mundo en general. Esto incluye al gobierno, los sistemas sociales, las organizaciones religiosas, líderes específicos y las políticas cambiantes que afectan al público en general y, quizás, a ti específicamente. Aunque tal vez no reconozcamos cómo nuestras aversiones y críticas hacia la sociedad en su conjunto afectan nuestra vida, toda molestia que tengamos en la conciencia necesita ser perdonada.

Recuerda, todos los pensamientos son energía. Toda la energía crea. Todo lo que pensemos acerca de algo tendrá un efecto. Tal y como debemos perdonarnos a nosotros mismos por juzgar a personas específicas y experiencias personales, podemos y debemos liberar la energía, las molestias y las quejas acumuladas en silencio con respecto al mundo. Liberar cualquier energía tóxica que tengamos en nuestra mente o en nuestro corazón nos abre a una energía y experiencias más positivas. No existen los juicios inocuos. Si tienes un juicio o una creencia limitante acerca de algo o alguien, es necesario el perdón. La práctica de hoy te brinda la oportunidad de decir lo que no podrías decir, tienes miedo de decir o quizás pensabas que a nadie le importaba escuchar.

Una oración de perdón

Amado Dios:

Este día vengo a ti pidiéndote que abras mi mente, mi corazón, mis ojos y mis oídos a tu presencia en el mundo que veo. Hoy te pido que me ayudes a pensar solo los pensamientos que piense contigo y a verte en todas las personas y circunstancias. Confieso que he sido crítico hacia las personas y las situaciones que pueden afectar mi vida en formas que no siempre comprendo. Confieso que he albergado juicios acerca de las personas con quienes no estoy de acuerdo y sobre cosas que no acepto. Confieso que en ciertas situaciones, bajo ciertas circunstancias, he sido crítico, humillante y despectivo hacia las personas, sus opiniones y convicciones cuando no reflejan lo que yo creo. He luchado por tener la razón con respecto a lo que creo, al tiempo que he juzgado que otras personas están equivocadas con respecto a lo que creen. Confieso que me he involucrado en la energía de la confrontación, que he albergado molestias y he expresado críticas que han sido poco amables, carentes de amor y, en algunos casos, he atacado como una forma de justificar una posición que tengo en mi mente. Hoy pido ser perdonado por todo ello al tiempo que perdono a los demás. Hoy elijo ver al mundo y a las personas con los ojos del amor, la aceptación y la paz.

Depongo todas mis armas este día.

Descanso en ti hoy.

¡Que así sea!

¡Y así es!

PERDÓN

Perdono al mundo

—Perdono a mi mente por pensar—

EJEMPLO

Perdono a mi mente por pensar que todos los políticos son ladrones que no sirven a las personas que los eligieron.

Perdono a mi mente por pensar
_____

acerca de
_____

Perdono a mi mente por pensar
_____

acerca de
_____

Perdono a mi mente por pensar
_____

acerca de
_____

Perdono a mi mente por pensar
_____

acerca de
_____

—Me perdono a mí mismo por juzgar—

EJEMPLO

Me perdono por juzgar al mundo por los terroristas que jamás son capturados.

Me perdono por juzgar al mundo por

_____

_____

Me perdono por juzgar al mundo debido a

_____

_____

Me perdono por juzgar al mundo cuando

_____

_____

Me perdono por juzgar al mundo cuando

_____

_____

—Me perdono por creer—

EJEMPLO

Me perdono por creer que todas las personas que reciben ayuda del gobierno son flojas y no se lo merecen.

Perdono a mi mente por creer
_____

acerca de
_____

Perdono a mi mente por creer
_____

acerca de
_____

Perdono a mi mente por creer
_____

acerca de
_____

Perdono a mi mente por creer
_____

 acerca de
_____

—Secuencia de *TAPPING*—

Repasa los Lineamientos Básicos de la Secuencia de *Tapping* que se encuentran en las páginas 63-69.

1. Repasa en voz alta cada una de las 12 Afirmaciones de Perdón del día. Esto te ayudará a identificar los aspectos específicos del problema sobre el cual quieres hacer *tapping*.

2. Evalúa en una escala del 1 al 10 el nivel de intensidad de cualquier falta de perdón que tengas sobre el tema del día. Escribe el número.

3. Neutraliza toda resistencia subconsciente. Repite una Afirmación de Reversión 3 veces mientras haces *tapping* continuamente en el Punto Karate.

4. Concéntrate en el problema sobre el cual estarás haciendo *tapping*. Repite una Afirmación de Preparación 3 veces mientras haces *tapping* continuamente en el Punto Karate.

5. Haz *tapping* 7 veces en cada uno de los 10 puntos meridianos al tiempo que repites en voz alta los detalles clave de las 12 Afirmaciones de Perdón. Puedes basarte en los Guiones Extra de *Tapping*.

6. Vuelve a evaluar el nivel de intensidad sobre cualquier falta de perdón que tengas acerca del tema del día. Escribe el número. Si el nivel se encuentra en 8 o más arriba, repite toda la secuencia. Si el nivel está por debajo de 8, haz *tapping* sobre la Afirmación de Preparación Modificada, y luego lleva a cabo la Secuencia de *Tapping* de 10 puntos Afirmaciones basándote en tus 12 Afirmaciones de Perdón hasta que te encuentres en un nivel 0 de intensidad.

_____

_____

_____

_____

_____

_____

_____

_____

_____

_____

_____

El perdón no es un acto ocasional; es una actitud constante.

—MARTIN LUTHER KING, JR.

¡Felicidades, amado!

Estás entrando en las etapas finales de tu práctica del perdón. Ahora que ya te has perdonado por los juicios y creencias limitantes que has mantenido, ha llegado el momento de pedir y afirmar el perdón por parte de otras personas. Durante los tres días finales de tu práctica, escribirás Cartas de Perdón a personas específicas de quienes necesitas recibir perdón. No es necesario que envíes estas cartas y tampoco tienes por qué hablar con las personas involucradas acerca de esta práctica. El propósito de estas cartas es brindarte otra oportunidad de limpiar tu mente y tu corazón de cualquier residuo tóxico remanente. Habiéndote perdonado a ti mismo, pedir y afirmar el perdón por parte de otras personas es el siguiente paso esencial en tu curación total.

Te animo a que escribas una carta al día durante los siguientes tres días a cualquier persona, incluyéndote a ti mismo, de quienes requieras el perdón. Una vez que hayas completado la carta, te exhorto a que la transformes quemándola, enterrándola, rompiéndola en pedazos, echándola por el inodoro o borrándola de tu computadora. Con ninguna de estas acciones estás destruyendo la carta. Más bien, estás transformándola y, también, la energía que lleva consigo. Te animo a que, cuando escribas cada carta, tengas una intención clara e irreversible que deba ser sanada.

Existen muchas formas en las que he dañado y lastimado a otras personas; en las que las he traicionado o las he abandonado; les he causado sufrimiento, consciente o inconscientemente debido a mi dolor, mi miedo, mi enojo y mi confusión. Recuerda y visualiza la manera en la que has lastimado a otras personas. Observa el dolor que has causado debido a tu propio miedo y confusión. Siente tu propio pesar y arrepentimiento. Siente que, finalmente, puedes liberar esta carga y pedir perdón. Tómate todo el tiempo que necesites para visualizar cada recuerdo que siga apesadumbrando a tu corazón, y, luego, conforme las personas te vengan a la mente, di suavemente: "Te pido que me perdones. Te pido que me perdones".

—JACK KORNFIELD,
THE ART OF FORGIVENESS,
LOVINGKINDNESS AND PEACE

Este día
pido y afirmo el perdón
para mí mismo

CARTA DE PERDÓN 1

Querido(a) _____ :

Pido y afirmo tu perdón por todo pensamiento carente de amabilidad y de amor que haya tenido sobre ti o contra ti.

Me perdono por juzgarte por _____

_____

Me perdono por juzgarte cuando _____

_____

Me perdono por juzgarte porque _____

_____

Me perdono por juzgar que eres _____

_____

Ahora pido y afirmo tu perdón por juzgarte por _____

Ahora pido y afirmo tu perdón por juzgarte cuando

_____

Ahora pido y afirmo tu perdón por juzgarte porque

_____

Ahora pido y afirmo tu perdón por juzgar que eres

_____

Perdono todos y cada uno de los juicios que has mantenido acerca de mí o en mi contra. Todo está bien entre nosotros ahora. Ambos somos libres de vivir nuestra vida como una expresión divina de nuestro Creador. Te bendigo y te libero. Me bendigo y reclamo mi libertad.

    ¡Y así es!

Firma   Fecha

No perdonar es quedar aprisionado por el pasado humano por antiguos resentimientos que no permiten que la vida continúe. No perdonar es ceder el control al otro… estar atrapado en una secuencia de acción y respuesta, de enojo y venganza, de ojo por ojo y diente por diente, siempre en ascenso. El presente está eternamente abrumado y devorado por el pasado. El perdón libera al que perdona. Libera a quien perdona de la pesadilla de alguien más.

—LANCE MOROW,
THE CHIEF:
A MEMOIR OF FATHERS AND SONS

Este día pido y afirmo el perdón para mí mismo

CARTA DE PERDÓN 2

Querido(a) _____

Pido y afirmo tu perdón por todo pensamiento carente de amabilidad y de amor que haya tenido sobre ti o contra ti.

Me perdono por juzgarte por _____

_____

Me perdono por juzgarte cuando _____

_____

Me perdono por juzgarte porque _____

_____

Me perdono por juzgar que eres _____

_____

Ahora pido y afirmo tu perdón por juzgarte por _____

_____

Ahora pido y afirmo tu perdón por juzgarte cuando

_____

_____

Ahora pido y afirmo tu perdón por juzgarte porque

_____

_____

Ahora pido y afirmo tu perdón por juzgar que eres

_____

_____

Perdono todos y cada uno de los juicios que has mantenido acerca de mí o en mi contra. Todo está bien entre nosotros ahora. Ambos somos libres de vivir nuestra vida como una expresión divina de nuestro Creador. Te bendigo y te libero. Me bendigo y reclamo mi libertad.

¡Y así es!

Firma   Fecha

_____

Antes de que puedas vivir, una parte de ti tiene que morir. Tienes que dejar ir lo que pudo haber sido, cómo pudiste haber actuado y lo que desearías haber dicho de manera distinta. Tienes que aceptar que no puedes cambiar las experiencias del pasado, las opiniones de otras personas en ese momento en el tiempo, o los resultados de sus decisiones o de las tuyas. Cuando finalmente reconozcas esa verdad comprenderás el verdadero significado del perdón hacia ti y hacia los demás.

—SHANNON L. ALDER

Este día pido y afirmo el perdón para mí mismo

CARTA DE PERDÓN 3

Querido(a) _____

Pido y afirmo tu perdón por todo pensamiento carente de amabilidad y de amor que haya tenido sobre ti o contra ti.

Me perdono por juzgarte por _____

_____

Me perdono por juzgarte cuando _____

_____

Me perdono por juzgarte porque _____

_____

Me perdono por juzgar que eres _____

_____

Ahora pido y afirmo tu perdón por juzgarte por _____

_____

Ahora pido y afirmo tu perdón por juzgarte cuando

_____

Ahora pido y afirmo tu perdón por juzgarte porque

_____

Ahora pido y afirmo tu perdón por juzgar que eres

_____

Perdono todos y cada uno de los juicios que has mantenido acerca de mí o en mi contra. Todo está bien entre nosotros ahora. Ambos somos libres de vivir nuestra vida como una expresión divina de nuestro Creador. Te bendigo y te libero. Me bendigo y reclamo mi libertad.

    ¡Y así es!

Firma   Fecha _____

Reconocimientos

Con amor y gratitud me gustaría agradecer y reconocer a mi amada y comprensiva editora, Cheryl Woodruff; a mí representante, Rodney Scott; a mi querido amigo y abogado de mucho tiempo, Kenneth L. Browning. Nada de lo que hago en el mundo sería posible sin el apoyo y el aliento del profesorado del Inner Visions Institute. Me gustaría expresar mi más profundo amor y agradecimiento a Almasi Wilcots, a la Rev. Helen Jones, a la Rev. Elease Welch, a la Rev. Nancy Yeates, a la Rev. Terrie Bowling, a la Rev. Deanna Mathias, a la Rev. Lydia Ayo'MuAshe' Ruiz, a la Rev. Deborah Chinaza Lee, a Ken y Renee' Kizer, a Robert Pruitt, a Jackie Smith, a la Rev. Rosetta Hillary, a la Rev. Maxine Legall, a Charlotte Wilson, a la Rev. Tammy Manly, a la Rev. Irene Oyabumi Robinson, a la Rev. Candas Ifama Barnes, a la Rev. Carmen González, a la Rev. Cathy Chioma Gaynor y al Escuadrón de Dios IVISD, Danni Stillwell, Yahfaw Shacor, a la Min. Laura Rawlings, a la Rev. Lizelle Robinson, a Janet Barner y a Ebun Adelona. Aarbara Perkins, gracias por llevar el barco al siguiente puerto.

A mi amigo y hermano, Ben Dowling, maestro de la música, gracias por la generosidad de tu espíritu y por permitirme compartir tu música con el mundo. Las notas, acordes y armonía de tu alma permitieron un final milagroso para el proyecto.

A mi hermano, amigo y maestro, Frank Ellis, a quien nunca he conocido en persona, gracias por guiarme a través de la belleza de *Un curso de milagros*. Los cuatro años que hemos pasado juntos en las páginas de mis correos electrónicos han sido de los momentos más dulces de mi vida. Eres una verdadera joya en la corona de Dios.

A mi amiga y coach, Lindsay Kenny, por darme un nuevo aliento de vida y brindarme un proceso que me hace una inquilina permanente de la bondad que la vida ofrece. Las palabras no podrían transmitir con exactitud lo profundo de mi gratitud. Digo gracias, pero también hago *tapping* sobre lo mucho que los amo y les agradezco.

También me gustaría agradecer a todo el equipo de producción de *Iyanla: Fix My Life* por sostener la visión y apoyar el trabajo que hago en el mundo. Gracias Sherri Salata, Eric Logan, Jill VanLokeren, Jon Sinclair, Robert Wesley Branch, Terry Goulder, Cela Sutton, Erica Bryant, Kelly Jansen, Naha Datt, Arelene Wilkinson, Gillian Carter, Maya Alexander, Danny Beers, Lori Read, Rachel Winn, Julie Anderson, Julie Maisel, Dana Brooks, y, por supuesto, a la Sra. Oprah Winfrey.

A mis hijos Damon y Nisa, que son el viento debajo de mis alas. Gracias por elegirme para guiarlos en la vida. A mis nietos Asholae, Oluwa, Niamoja, Adesola, Kimani, Xavier, David, Onaje y a la pequeña Iyanni, simplemente quiero expresarles que los amo.

Chavon Kells, simplemente eres la mejor. Mi mejor amiga, la Rev. Shaheerah Stevens; a mi madre espiritual Raina Bundy, y a mi padrino Awo Oshun Kunle, cuyas oraciones son mi oxígeno. A los miembros de mi Ile', LaTonia Taylor, Herman, Suzette y Kimberly Perry, Aldo V. Clarke, Ronald King Sheppard, y Adegbola Nobles, gracias por estar siempre dispuestos a entrar al relevo. Finalmente, aquí, Oluku'se C.M. Laskett, por todos los viajes a cada aeropuerto, independientemente de la hora. ¡Gracias!

Acerca de la autora

De ser una madre que dependía del bienestar social a ser una exitosa autora del *New York Times*, de los proyectos de Brooklyn a ser ganadora de un Premio Emmy, de estar hecha pedazos a alcanzar la paz, Iyanla Vanzant es una de las escritoras y oradoras más célebres de Estados Unidos y se encuentra entre los instructores espirituales más influyentes y con mayor participación social de nuestra época. El enfoque de Iyanla, anfitriona y productora del exitoso programa *Iyanla: Fix My Life*, sobre la fe, el empoderamiento y las relaciones amorosas ha inspirado a millones de personas en todo el mundo.

www.iyanla.com